輯二／三餐四季

輯三／親愛的你

輯四／家常對話

推薦序

人生看總值

王美珍
50+總編輯兼副執行長

作家張曉風曾說，「每個人的名字，都有父母滿懷熱望的刻痕，都是一篇簡短質樸的祈禱。」

我不知愛倫的父母當年取名時，賦予「愛」與「倫」二字什麼樣的期望，但身為朋友，認識與閱讀她愈久，愈覺得這名字就是她獨特靈魂的最佳寫照：她格外重視也渴望「愛」，包括愛情、友情、親情，她都屬於「expresso」派，能濃就不淡；特別的是，她卻也比很多人更講究「倫」，即人與人相處之倫常，著重合宜地對待他人，讓他人和自己都自在。

以愛爲經，以倫爲緯，幾乎就是貫穿全書的主題。翻譯成一句話即是：如何要對人很有愛，但又不傷人或自傷？

例如，在「放生自己」一文中，她寫會有很照顧自己的朋友，但基於一些因素，只好捨棄這位朋友。「斷捨離」一直是50+網站中很受歡迎的主題，人過中年，許多人都會面臨類似「是否該放棄」的掙扎，未必只是友情，而可能是人生的其他的考驗情境。

但愛倫想得更透更深，她不只是討喜的說「愛自己就要斷捨離！」，而是把反省指向自己：「對少許事樣無情，是集中火力在深情事物上的必要手段，因爲照顧人除了實力、財力，還需要心力、體力。」

這段文字可以帶給讀者一種釋然：當我們選擇放棄某些事或人，不一定要感到愧疚，那可能是一種苦磨出來的成熟、甚至是自我約束。況且，有情的人，肯定知道自己不是眞的薄情，只是歲月教會了你一些事。因此，她說：「人生看總値，只要自己心裡平衡、自己心安理得，放生他人也是放生自己。」此句，大約也是書名的靈感來由。

我很喜歡「總值」這個觀念，人生不需處處都計算，但總體要能讓自己滿意心安。其實，這道理不只適用於情感關係，健康、財務亦如是，這本書也都很務實地談到了。

特別喜歡愛倫的粉絲團的名字「高愛倫的字裡行間三餐四季」，人生的困擾與喜悅，無一不是發生在三餐的間隙、四季的流轉之中。《誰都希望從一而終，但是也得饒過自己》就是這樣的一本日常時光之書，透過文字的沉澱，「愛」與「倫」的平衡，可以讓我們的困擾成為智慧，讓喜悅成為陽光。

推薦序

不簡單的溫暖

蘭萱 資深媒體人、中廣蘭萱時間節目主持人

如果溫暖有形狀，這形狀剛好還是個人形，在這麼多摯親好友舊雨初識的人際網絡裡，腦中立馬浮現的鮮活影像，不是別人，正是愛倫姐。

而且像是古典暗房裡沖洗照片的顯形過程。想到愛倫姐，最早現形的，會是那張滿滿膠原蛋白、笑膨膨的燦爛笑靨；再來是那頭像極白貴賓、超有卡通感的捲捲毛，漸次地輪廓浮現，經常蒙德里安三原色上身、完全不擔心人群中找不著的大膽暖亮穿著，呼應著她形於外且有諸內的熱情貼心，就連握個手都感覺暖呼呼。

愛倫姐的溫暖，由外而內、一體成型。雖說一步步接觸猶有漸層，但就像寒冬開電暖器，它不是閒來煮茶小火慢燉的徐徐和風，是三檔直上陽明山、大火快炒的直咧暖熱，彷彿迎面撞上一個小太陽。

對應歷任影劇大報總編輯的過往職涯，這樣的愛倫姐，有其必然但也有意外之處。意外的，是日復一日衝鋒陷陣調兵遣將搶快爭強拚獨家的磨礪，竟沒讓她變成電影穿著Prada惡魔般的女魔頭，盔甲底下猶存柔軟之心溫厚之情；必然的，則是溫熱之心包覆著依舊是記者魂，幾本書下來，對於親愛女性同胞們的分享提醒乃至仗義棒喝，有稜有角，黑白分明，妳別想看見七十歲奶奶般的和靄慈祥，那是小看了愛倫姐至今沛然的俠女情懷。

不過，武功高強的俠女也有落魄跌跤的時刻。

在新聞圈威名遠播的「高愛倫」我未及認識。我是直到捧讀、訪談作家高愛倫的《我微笑，但不一定快樂》，看她聽她把自己開腸剖肚徹底坦露，毫不遮掩地訴說中年熟女最怕經歷卻讓她全遇上的，失婚、退休、憂鬱三合一敵人，如何摧毀她在人前閃亮的生活，孤獨墜落眾人目光背後飽受憂鬱恐懼啃蝕的深淵，最終成爲重見陽光的倖存者……，才算眞正認識且由衷佩服，這位十足韌性的女人。

因爲，看似對衆人示弱，其實是另一種勇敢。對人生的不低頭，更凸顯對自己的珍視，對生命的負責。

靠著刮骨般的文字療傷，好不容易，愛倫姐自己活了過來，她也想幫身陷深淵低谷之苦的女人們脫困。所以她說這本書進入到了危險的深水區，觸及一些敏感話題。但因爲她曾經去過那裡，也歷劫歸來，比任何人更有資格和底氣說這樣的故事，然後，再給上一個大大擁抱。

傷過、痛過，猶能敞開心胸不忘愛。這樣的溫暖，不僅很俠女，而且深刻又強大。療癒自己，兼暖天下，眞的很不簡單。

女力推薦

主持天后 **陶晶瑩**

書寫發表過近千萬字的娛樂新聞資深前輩，退而不休地繼續筆耕所見所聞，高姐看盡人生百態、七情六慾，能在智慧最清明時給出一些方向、不說教卻輕輕點破，不嚴肅卻發人深省，字裏行間的幽默，實則是多少人的血淚試錯。

我們在遇到人生亂流時，總是胡亂抓住浮木或是一把稻草、企圖苟延殘喘，未料越陷越深，多希望能有過來人的指點迷津，早日開悟，讓那些糾結的、不堪的，輕輕變成一朵飄走的烏雲，少浪費生命和青春⋯⋯。

看看高姐的文字，找一口呼吸，多一份希望，放過自己、讓自己和身邊的人，都會能跟她一樣，有著燦爛的笑容面對人生。

作者序

寫作是推己及人的陽光任務

我是向陽而奔的人，也因而有著說到做到的實踐個性，我寫書並不揣摩讀者想看什麼，而是把尋常人家都在重疊遭遇的事提出來做借鏡。

諸如：

三情（友情、親情、愛情）

三廳（家庭客廳、辦公廳、公衆大廳）

三心（善心、傷心、本心）

女生的可愛，在於可做寵物，可做怪物，也可做尤物，這本來都是環境狀態的產物，但是，學歷和經濟的獨立，造成自我價值的肯定，於

誰都希望
從一而終，
但是也得饒過自己

是我們對生活品質不再是期待而已，我們願意用更大的眞誠去創造我們的寫實人生，讓自己成爲不是只追求富貴的寶物。

這本新書，我選擇了幾個危險題材，想爲失意的女生尋找自衛的抗辯，也爲失意的女生尋找自省的覺悟，更要爲從人生風浪走出來的強大女生喝采。

此外，在作品累積的過程裡，我很慶幸自己開始擁有打動人心的寫作自信。

以前幾本書，我無不力邀社會知名的人物朋友，幫我寫序撐腰，這一次，我不再藉大家的威力來增加我能被看見的機會，因此更加倍感謝王美珍、蘭萱、陶晶瑩的先讀先荐。

每次，老朋友新朋友問我：下本書寫什麼？我不知道，我眞的不知道，這不是我不認眞，而是我太認眞。

我認爲世界上沒有一部寶典，通用於所有人，但是每個人、每句話、每件事卻可能激化觸類旁通的聯想，所以每個時代的大人物，都喜歡述說或引用他跟小人物互動的故事，也在這樣的階級距離中，撞擊出更可貴的換位思考經驗。

我不是鎖定自己寫勵志書，而是我的生活態度一喜隨遇而安，一喜見賢思齊，我並非謹遵八股教條，是我眞切明白，從善如流，的確能帶給自己改變與進步。

從六十五歲才開始正式寫作的我，很希望能不再依靠任何其他，只專情建立自己獨立性的文字力量，那麼，寫作，就眞的是我白髮歲月的養生之道。

除了教授等級，現在發表著作的知名作家，鮮有像我這樣高年紀的老花眼之輩；我始終熱衷在文字中穿梭不疲，流連忘返，其實是有用勁傳遞訊息的意圖。

我希望歲以數十來計的人們知道，只要健康不倒，就要用行爲活力、思想活力、社交活力，解決年齡帶來的代謝症候群，絕不屈服任何

誰都希望
從一而終，
但是也得饒過自己

唉聲嘆氣，從不忘記我們仍在學習與享受人生。

上一本書《委屈是一道隔夜菜》二〇二三年三月三日出版，到年底還在繼續再刷的同時決定，我寫作履歷表上的第六本新書《誰都希望從一而終，但是也得饒過自己》二〇二四年二月二日上市。

曾經，我有一本情詩書想和一本生活書兩冊一起出版，但出版社分析要考慮死忠粉絲的消費能力，因而作罷。

書市雪崩，天下雜誌出版竟然願意在一年內出我兩本書，我覺得這是很大的榮幸，當然，我最要謝謝持續在看我的書的書友，你們是我奮而不輟的推動力。

輯一

字裡行間

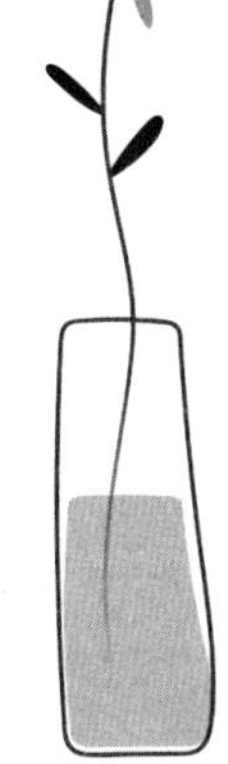

字裡行間的三餐四季

你每天在手機及工作中運用時間，只要從字裡行間，就可閱讀出自己與別人的生活。

你每年試著貫徹夢想與實踐計劃，只要有三餐四季，就有人會看懂你的高低起伏。

字裡行間與三餐四季，就是一天二十四小時醒來或夢中的影像，總括人的一生都是在這樣的重複中活出自己，富貴如此，平凡亦然。

拿掉職場頭銜，刷白往日輝煌，發現什麼都不必再百尺竿頭之後，才可能有了更大的定力與自由，也願意學習跟心交談，放下過去自己所爲何來的謂嘆，從此，進退守棄就少了能否華麗轉身的顧忌。

誰都希望
從一而終，
但是也得饒過自己

你我都沒有必要盤點過去，但是，「過去」，卻會盤點現在按下暫停鍵的每一個你和我。

第一階段生命旅程打道回府。

第二階段生命旅程重新開拔。

兩個階段在生命裡佔據的日月年時分秒加總數，不是一切爲二的均等，可能是先長程再短程，可能是先短程再長程。

劃分第一階段和第二階段的界線，並不一定來自年齡，人事物的挪移，才是自然切割那時與現在的分水嶺。

因爲年輕，你習慣識老？歧老？千萬不要這樣，因爲你會弄壞自己的磁場，以爲自己得天獨厚永保安康，其實，日升日落，誰都會面臨需要他人單純扶一把的時候；善待長者，積聚福分，訓練一個好心態，就是爲吸引力法則打樁。這些，都是在年輕時就要培養的認知。

走進衰老之前的初老、中老，要隨時叮嚀自己，除非確有病痛，否則就要老而不休，老而不廢，老而不殘。

我們要走過很多路，經過很多事，才知道，原來老可以這麼好，但是，有的人被老嚇到了，不相信自己會老，更不相信老了還有機會過得好。

很久很久以前，社會對五十歲的人，就稱以老翁老嫗，現在的現象翻轉，生命並不是用年紀來決定存在與否，一個人輕易就活過老翁老嫗兩倍年歲，跟少年要謹慎避免意外，都已經是對等常態了。

生活可以用來尋找快樂、可以用來完成夢想、可以循規蹈矩按部就班的單純至極，但是如果喜歡工作，當然也可以永不退休；總之，一切都按著自己意念走向日月年，唯一不可取，就是不要幹啥怨啥，就是不要唉聲嘆氣，就是不要牢騷滿腹。

我們不能倚賴好日子才會帶來好心情，而是要擅長經營虛實遭遇，用好的心情，彩繪出好日子，不允陽光缺席。

誰都希望
從一而終，
但是也得饒過自己

「還可以」就很好了

如果還想再次奮起，不管幾歲，重新開始也不過是換個姿勢再來一次，喜歡就行，但是這一回更要想清楚，做好做對比較重要？還是能贏能大最讓自己得償所願？

年輕時的闖蕩，是爲了老而無憾，踏進新的年紀區域，必須對眼前的規模，手握的一切，好聲問候內在心世界，只要身心合一，絕對：不會更糟，只會更好。

除了體力與體能，其他種種，沒有什麼會讓我想回到過去重溫舊夢，但是眞的要回去，我也沒有太大的抗拒。因爲就算我們沒有變聰明，但是走過的獨木橋，摔過的泥濘地，總是教會我們傻人別做蠢事，蠢人莫作傻事。

嚎啕大哭的故事，已經不再那麼令人傷心欲絕，平靜就是平安。

多數的人，該對長大的自己比較滿意嗎？至少，我自己覺得大多數的每一年，都比以往的每一年過得隨心。是發生什麼好事嗎？不是，是沒有發生任何不好的事。

成就沒有更高，富裕沒有更強，但，我已經懂得如何做一個識相的人，對於欠缺的，我可以路過，也可以錯過。

從來沒有覺得自己修爲有長進，但是時時有點目空一切的欣喜，**遇到無禮的人，暗歎他大概正在倒楣才失禮，碰到無理的事，轉念自己只是被暗示要換一條寬路。而已，而已，那些難讓自己眉飛色舞的事，出現的，都只是恰到好處而已。**

怨無蹤，怨無影，我鮮少再生自己的氣。

以前我會生氣，很少是氣別人對我不好，多半是氣我爲什麼不能對別人更好。

所有的對別人好，只是我的私心，我訓練自己要像一本好書，讓靠近我的人都可以開卷有益；原由於此，我這本書需要一再校對，也需要不斷更新版本。

神仙打鼓也出錯，我的執迷何其多，張冠李戴，烏龍常在，在不同階段，我有不同速度的頓悟。

而今老矣，愛上自己。

過去的一事一境，盤點現在的一心一性，聽不到誰對我說：妳變了。但是我內心知道，過去的我總是以容得下別人爲優先，現在的我，既能調侃自己也完全容得下自己。

做人，做到「還可以」就好了。

大人的選擇題

誰都希望
從一而終，
但是也得饒過自己

人生太短，年輕時千萬不要得過且過。

人生太長，痛定思痛，卻又怎麼都趕不走痛？

其實歷經長久的跌跌撞撞或風風光光，我們的渾沌盲目怎樣都會逐歲淬鍊心知肚明，試想，只要當年不猶豫蘑菇、只要當時不蹉跎虛度，痛苦的機率是不是至少降低一半？

四五六十歲是選擇權最霸的黃金年齡，妳在這剛剛好的年紀，會不會剛剛好遇上心碎的渣事？

渣事不是只有妳遇到。

隔門隔戶，十家裡面，有三家憋著嗓子在呼天搶地，有兩家關著窗子唇槍舌戰，還有一家從來不發出聲響，有著某種案發現場的詭譎沉寂；這樣逾五成比例，在兩人的情感關係上，不是硬碰硬，就是暗藏冤情，要嘛！剩下的一半中又有一半早就心不在焉。

感情上沒有得到合理滿足的人，特別容易不快樂。遇上蠻橫的人、購物遇到刻薄的嘴臉、居家被鄰居莫名奇妙的打臉，都不要生氣，要心存同情，慶幸自己沒有那樣惡質的陰霾，慶幸自己運氣好沒人鬧，慶幸就算被鬧，又偏偏個性好到不痛不癢。**心，想得開，氣，消得快。**

至於五成的不痛快，有些是從年輕時一路受伴行殘害，有些則是大齡突陷風暴；但不管霉運來早來晚，如果總是重複出現一蹶不振或春風寂寥的不安，要不要自我深思：面臨人生選擇題，我是不是常常錯勾一二三？

感情讓人不痛快的終局，會造成老死不相往來，但有幾個人能快刀斬亂麻？聽故事和說故事的人都知道：陷入自我凌遲上癮症的還是偏多。

「離而不遷」「遷而不離」，這樣的仇家可以住在一個屋子裡，繼續談判，想到這裡，我都爲他們發愁。

「我不愛了」「休想讓我放了妳」，這樣的仇家也能住在一個屋子裡，繼續相互撕臉。

「想盡辦法要對方淨身出戶」「琢磨施法讓自己大小通吃」，已到這個地步的仇家，還是住在一個屋子裡，繼續互鬥陰謀詭計。

不是妳不好

人壞無藥醫。

背棄的一方，往往因爲擁有預知優勢，又確認自己心的背向，自然來得及布局，來得及編織謊言，來得及把對方放進陷阱，所以冷戰一旦變爲熱戰，就會有一個措手不及的傻蛋，自卑的以爲，是自己不足才會得到這場懲罰性的意外。

不是的。**不是因爲妳不好，才成爲應該丟棄的包袱，完全是因爲他**

要丟棄妳，才輕而易舉列出妳的不足，運用煤氣燈效應，逼妳產生神經錯亂的恐慌。

不要跟無情的人談情。
不要跟無義的人談義。
不要向寡情的人求憐憫。
不要向寡廉的人要公平。

盡量去找妳能找到的友善助力，在虧損的關係中，不必妄想能得到多少補償，只要試著拿回曾經付出的投資，就可把對方視爲大善人了。

我不是大女人主義，我只是鼓勵女人當自強，我們體力較弱，膽識較薄，加上活動力受限多，求生力的確風險較大。若是有孩子，妳要投奔自由，更是牽牽扯扯，萬般不捨，難度高了好幾倍。

如果身邊沒有來自血脈的親生小小孩兒需要照顧，那千萬別在乎跳出婚姻就會面臨茫茫大海的孤苦無依，放心，妳一定挺得下去；妳只是回到過去一個人的日子，年紀大了點，時間多了點，此外，會再繼續發生的，不是好事也不容易有爛事。

感情不可戀戰，因爲面對歲月，男人終生有優惠，女人年年都折舊。**耗時間怕的不是人老珠黃，怕的是自己的自由選擇空間被一再壓縮。然後，妳很可能累積碎片斑駁自己，最終，進入一個眞正舉無輕重的孤單旅程，習慣性的自我貶抑。**

在任何年齡遇到風暴，都不可因循怠惰迴避選擇，妳，必需要有選擇，且訂下選序。

選對了，新來的人生，可以順利淸創，可以復原傷口，可以寄望往後歲月。

選錯了，未來就不是未來，空有年日，毫無意義，延續災難，自怨自艾；這和生命本質是背道而馳的，妳會甘願借他人之孽抹殺自己嗎？

風暴來時，能不被壞蛋挾持，不是膽子大，而是腦子好。

誰都希望
從一而終，
但是也得饒過自己

友情的滋味就像一顆檸檬塔

年輕的時候，我家徒四壁，可是日日高朋滿座，不管誰來按鈴，都立刻成為座上嘉賓。

我的親密愛人（隨你猜是誰，不重要）很心疼我的傻氣與大器，耳提面命多次：「人脈就是命脈、人脈就是金脈，沒見過像妳這樣的人，不管對方遠近，誰都敢開口請妳搭橋，也理所當然從妳身上過橋，有一天妳會發現自己嚴重受傷而大大後悔的。」

謝謝你，親密愛人。我懂你的善意。

讓人踩著我過橋登上天梯，是我自來的宿命，有傷無悔，而且死性不改，依然故我。

世界就這麼一點大，護食爭利在所難免，但我相信舉手之勞的穿針引線，不至於讓受助者強大到日後爲難自己，順水推舟比步步爲營舒服得多。

但是，偶有意外。

有一次我帶幾個朋友到閨密開的餐廳吃飯，明明是我請客，她卻搶先買單，而且打包很多新鮮美食分送大家。

幾天後，我在去高雄的高速公路上接到電話，閨密告訴我吃飯朋友之一誰誰誰，打電話跟她借錢，而且數字不小，我當卽道歉又道歉：「給妳添麻煩了。」

我當然叮嚀她不要借出去這個錢，可是，也害拒絕的一方要費心思應對，避免平白無故得罪一個不是朋友的朋友。

因爲對當事人必然負面，這件事並未張揚，我也自始至終裝不知情。

慷慨氣度有時可能會遇人不淑，如果因而帶給受我之邀而無所防備的朋友後患，那是我的過錯。

此後，誰跟我要別人電話，我都說沒有。（也眞的是這樣啦！）誰要聯絡誰，我就請他到臉書上搜尋及留言。

我不再做查號台，我也鄭重坦白：我的各種關係早已失聯，愈重要的人，我愈是沒辦法啦！

請別再誤會我神通廣大，**任何交情的朋友，都不是我口袋裡的布偶，我不能伸手擋路，也不能任意開路，因爲，這兩條路都是道義之路。**

自然的情感轉移

很多朋友都有「帶人過河，慘被拆橋」的經驗，有些是生意，有些是感情。

生意的事我不入心，因爲不懂，也沒什麼接觸的興趣，感情的事我比較傾耳相聽，總覺得身處共同生活圈，張三李四的習性，兜兜就會兜到自己身邊來，略知一二，或許也是必要。

妳把心愛朋友帶進妳心愛的友誼圈，剛開始大家都喜歡她，妳會覺得超有面子，覺得自己就是水準好層次高，才能引進適當的新朋友。

慢慢，妳感覺到不對勁，她凌駕妳在朋友圈的重要性，這，讓妳有點不舒服。

其實不要不舒服，這是人性當中很玄妙的關係轉移，因爲妳帶給她的磁場緣分，剛好就是她比妳更適合擁有的。

不過，如果她的主動行爲影響妳和舊識的信任，那到眞是相當難受的結果。

妳可以做抽樣問卷，沒有人沒遇過類似遭遇，小事啦！難過什麼？我剛入新聞界時，一個天仙美女常常跟不同男演員爆出戀情（其實被人瞎說居多），我氣得坐在車裡哭了兩小時，覺得她不再玉潔冰清，覺得她讓我錯疼錯愛，覺得她失貞失格……，那時自己剛出社會不久，但別人的感情這麼影響我心情，也太誇張、太超過了；我想表達的是，女性間的友誼，的確會這樣病態的越界獨佔，迄今亦然。妳沒遇到過？

誰都希望
從一而終，
但是也得饒過自己

我不信！

女生就是潑辣子，可口還是可人，辣舌還是辣心，要看深嚐淺食的人有什麼樣的脾胃。

好朋友突然不討喜了，可能，她正在吃醋。

溫柔的閨密老是話裡有話，原來她有她的不舒坦。

女生的無聊，向來是女生自己也搞不清楚搞不定的。

友情跟愛情一樣，都是一個檸檬塔，甜的時候很甜，酸的時候很酸，旁邊的人可能看不懂，但是女人們又都習以爲常。

我們都是朋友的橋，朋友也是我們的橋，有的時候，拆橋是無心之過，不要只看到別人讓我們黯然失望，其實我們也可能讓人滿心難過卻毫不自覺。

酸甜滋味，自在人心

有一陣子我陸續接到不同顏色玫瑰花瓣檸檬塔，粉黃粉紅粉綠，像透了女人心，感覺上，好像每吃一口都會掉下感動的淚珠，難道是檸檬的強酸，改變了甜品的既有層次？

女人和女人的生活，最像檸檬塔，如果不精心，可能會酸過頭，也可能會甜轉膩；如果滋味恰到好處，品嚐甚於狂饕。

吃多了檸檬塔，猶酸猶甜，都是感悟，對照生活裡的故事，我又有了新的明白。

第一，對甲可靠，不一定對乙可靠，所以三人之間的交情，不會因爲總是同進同出而畫等號。

第二，所有幫助的話都是眞心的，只是所有要貫徹的眞心話，也不是沒有困難都能完成的；所以只要看到他人言行合一的善意，就要記在心裡，謝在舌尖。

你是檸檬塔嗎？偏酸？偏甜？只要你抓住自己意欲創造的比例，你就是一顆獨一無二的上品。但是**再好的滋味，也要碰到對味的人。不要擔心自己的孤芳自賞。**

誰都希望
從一而終，
但是也得饒過自己

七種幸運

我不相信「人只要對自己好就行」，如果我這樣，我可能不快樂。人是天生群居的動物，就算你似孤傲高傲冷傲一寒梅，就算你似冷豔冷漠冷靜一夜曇，我們終究是動物而非植物，何況植物達人都說：樹要好，花要豔，也需要聽到很多愛慕的情話。

你不喜歡跟人建立磨磨蹭蹭、黏黏稠稠的關係？表示心性較自由獨立，但是，不是每個人都會鑿一口自用水井，不是每個人都有萬夫莫敵的能耐，那我們何不相信扶持是彼此的必須，從而建立共生共存的優質關係。

朋友名單往往是玩伴出列。

實際觀察與領會，好的玩伴不一定是好的朋友，好的朋友也不一定是好的玩伴，朋友和玩伴的奧妙界定，出自主觀的信任，如果是單方面如此，當然就有點一廂情願，如果彼此互賞互敬互愛，就是兩情相悅。

只要是兩情相悅，在友情愛情親情的領域裡，都會形成一股好的能量。但是大家都知道，命運會作弄人，因緣有起有滅，所以，情感會理所當然甚至經常面對挑釁與挑戰。

家人友人情人之中，有些性格就像錦囊福袋，如果能擁有這樣的朋友，我們的運氣福氣就真的太好了。

幸運一，他能陪伴

抬眼挑眉之間，未見言語，卻像傳遞深厚內功，隔空衝破紆鬱，讓缺氧狀態的自己瞬間血脈通暢。

兩人在一起的沉靜凝神，看似虛度光陰，無所作爲，實則強弱相輔，彼此韜光養晦。

幸運二，他能開導

先三言兩語讓你解氣，再言簡意賅助你打開盲點。其實他說的道理，你都懂，但是實踐起來到處卡卡。於是他幫你有系統的列出漸進方式，讓你懂得收放與舉落。

幸運三，他能陪罵

不開心的時候，不是人人都能端著優雅與氣質娓娓道來，這個憋屈，有時非得有雷霆萬鈞的反抗軍撐腰，才能夠突破重圍。

有一種狠角色，瞭解你又心疼你，他的霹靂啪啦口頭制裁，可以舒緩你的窩囊，說起來像是護著你在罵對方的一二三四，其實是蜻蜓點水蜜蜂授粉，這邊沾沾那邊搧搧，讓你取捨懂的快，讓你心花開的快；而難能可貴的是，離開你的視線，他又能守口如瓶，滴水不漏。

幸運四，他能談判

談判不一定是爲決裂爭權，談判很可能是和解出兵。

家家有本難念的經，但是經文譯註有強有弱。有人協助導讀，可能比閉門苦思有效。

他和陷入僵局的你們都有友好關係，你們一旦決絕，他不會幸災樂禍，一心只想和平出使。

他向右邊說左邊的好話，他向左邊說右邊的難得，目的是把盛怒導入息怒，把拂袖而去轉入捫心自問。

通常多管閒事都會壞事，但是好的談判專家，可以幫你製造機會，讓你走下台階，自動放下刀槍棍棒，他可能是家人，也可能是外人，總之，他的關心很眞情。

誰都希望
從一而終，
但是也得饒過自己

幸運五，他能棒喝

如果你一直在心中狂揮盲拳，不僅腳步踉蹌，時履薄冰，還壞了視聽能力，無從自制，難以度化自己。

這時，**面惡心善的朋友可以是很強的情緒外科醫師。他不施麻醉，下刀精準，瞬間用「刀子口」切除你的自大自責與自艾自憐**。

而其醫術之高明，在於你左右挨盡耳光，卻心裡明白，那打在心上的狼牙棒，無非是爲了敲通自己的任督二脈。

幸運六，他能裝傻

管你怎麼說痛說怨說氣，他都有聽沒有到，不插話，不打斷，不起伏，不應和，態度上到底是專心？還是不專心？兩人都不在意，反正，他給了時間，給了耐心，允許你一再喋喋不休，等到你垃圾倒完，他也哼著少女的祈禱輕鬆揚長而去。

這也是相當重要的益友類型，很像廚餘處理機，能防臭，能乾燥，假以時日，挫折下的堆肥成了灌溉人生的天然肥。

幸運七，他能應急

他確實有理解的胸懷。

如果不是當下過不去，你不會讓他知道你的窘狀，你不會跟他流露軟弱，因此，就算心中千百個不願意，但迫於無奈時，你知道會有這麼一個人可以把你拉上岸。

求援就能得到施援，固然是人人期盼的安全感，但安全感在急診時刻，有可能遇到設備不足的狀況，所以養好自己身心健康的體質仍是最重要的。

良友有如救心良藥，但只用在萬分危急時；不管你有「幾顆」，都不要太隨便就隨意服用。

百搭的朋友

一個朋友喜不喜歡你，是看得出門道的。

我未必會把喜歡的人介紹給喜歡的人，因爲他們不見得是一路人，萬一兩個好人在一起卻彆彆扭扭，是眞的弄巧成拙。

如果我把不認識的張三李四邀在一起，至少，表示，張三和李四都是我特別喜歡的人，而且我確定把他們聚在一起，不會發生龜毛狀況。

我們不能否認，也確實了解，在成年人的世界，多數人都謹愼的拒絕分享人脈。有時，我也會被別的朋友以這種暗暗穿針引線的方式對待，這是相當大的善意與認同，很謝謝。

十八歲移民西班牙的鄰居，每年回來看媽媽；然後，記不清是怎樣開始的，她和她的先生，我和我的先生，就四人喝了咖啡，吃起簡餐，好像不需要過程，就成了敘舊的老朋友。

這一次她單獨回來，多數時間都在鳳山陪媽媽，直到要返西班牙前兩天，才再回到基隆社區。我們找不到剛好兩人都有空的時間晚餐，於是我徵詢主人朋友的同意，邀她參加朋友的生日飯局吃法國料理。當時我給她拍了很多照片，笑著要她寄給老公炫耀一下。

剛剛好的體貼

有新朋友加入的聚會，總會擔心陌生尷尬，但我的朋友是一流主人，特別選擇跟她面對面坐，以便整晚親切招呼，兩人還相約西班牙見。

在坐十個女生重複問：歐洲男人真的都很帥？她好肯定的告訴我們，義大利和西班牙的基因好，個個瘦高俊美。

隔一天，她一早打電話到基隆訂阿國燒餅，除了要帶回西班牙給先生解饞，還特別坐計程車趕回社區，希望我能先吃到剛出爐的熱燒餅。這就是一種貼心。

和另一位從紐約回來多時的朋友相見，她不但帶我去晶華酒店Reading Room見識貴婦們的下午茶，還又介紹兩位新朋友給我。

眼前這些貴婦們最讓我稱羨的背景，就是她們懂得愛孩子的方式，給孩子最好的資源，讓他們受最好的教育，允許他們依照自己的判斷選擇他要的人生，任何介入都保持讓孩子自由的限度。

女友A的兒子，哈佛大學畢業。另一位朋友是眼科醫師娘，有一個女兒，耶魯大學明年畢業。晚到的一位朋友，身材好，是旗袍協會成員，孩子們已在紐約任職，代管房產。

A讓我最大的佩服，是她在軟調性的敍事結構與論述時事的觀點，都非常強大，知識性、社會性、企業性的話題，A都能應付裕如。我可以這樣形容：她內涵豐富，媲美藝術文化類節目主持人！

A的哈佛兒子，學經歷自然不在話下，同時也保有自己的個性鋒頭，還很能與母親談心，兩代關係極優。

關心朋友的她，有一次爲了照顧憂鬱症的朋友出遊，請兒子開車到台東，以便隨時接應接駁，兒子很不以爲然。

但是她告訴兒子：「如果這是我們剛好做得到的體貼，我們就盡量去做，實在無能爲力，也不必勉爲其難。給人溫情一定要給在最需要的時候。」這樣一個關心朋友的人，透過兒子「暗中運作」，態度不慍不火不張揚，讓關懷溢出溫暖，而非壓力。

很多人都說：把朋友介紹給朋友，是給自己生活圈添亂；其實，那只是因爲擴大交集人物的時候，不懂得判斷混搭的適切性所致。

紅橙黃綠藍靛紫七原色，有人可以調配出各種光華，也有人可以調出不忍卒睹的迷亂，這在於自己對原色本性的認識夠不夠。

一個眞心結交的朋友，就是最純淨的顏色，爲了你，他可以百搭，他也願意百搭，帶他出場，他永遠不會讓你吃後悔藥。

食物吃原味，識人看本心，因爲我們都是原來的自己，都維持待人處事當有的分寸，能走的岔路，能犯的錯誤，向來不會傷及無辜，所以相愛不難。

唉什麼唉！

唉唉唉！嗨嗨嗨！
你過得唉唉唉。
沒有病痛，卻，存著體力不動。
沒有匱乏，也，天天擔驚受怕。
沒有嗜好，那，四周哪來歡笑。
沒有冤家，可，從不結緣天下。

我過的嗨嗨嗨。
你眞以爲我風風火火晶晶亮亮？
我只是抓把無情風雨炒出祥雲飛霞，告訴自己一切都好而已。

有的時候，人會從不自覺的行爲唱衰自己。

唱衰自己的心理層面，可能是討拍討摸討愛討關心，但最後可能只換到情緒上的討打討譏討厭，連最愛的朋友家人都會閃躲。

活著，是很單純的本能。

好好活著，則是需要費一點力氣又不會太費力氣的選擇。

這個世界把巔峰的好處都給了有成就的人，但是，這並不剝奪我們擁有提供自己歡愉的能力。

一個能展示正向情懷的人，通常不會寂寞，因爲正向的磁吸作用，**就算不能讓你成爲焦點亮點，也會讓你像一個熱力四射的景點，人若靠近，全心舒暢，爲你打卡，深感榮幸。**

在這樣的度日情懷中，你可以隨意週休二日或週休五日，散發自己的魅力，照顧自己的興趣，同時陪伴別人，也陪伴自己。

不要強調自己的完美主義，放眼看看，有哪個完美主義的朋友讓你覺得相處融洽又舒適？

完美主義，是高調的驕傲。
完美主義，是不足的推諉。
完美主義，是庸人的俗語。
完美主義，是心虛的掩飾。
不完美才是生活的本質。
太多人葬身在完美的追求裡。

人類，一生只有十分鐘的完美可能性，就是嬰兒呱呱墮地那刻，醫生和媽媽高舉著新生命感動流淚：他是完全健康的。

此後，人在時光河流裡，就只有一個宗旨，試著透過健康心態找到安身立命的方法。

我們都一樣「寂寞」

年輕人的心理健康，和老人的心理健康不同？

我們老以爲是年齡改變了物質需求，物質需求改變了滿足的態度，但滿足的態度眞的是因爲一切都已經達到心想事成嗎？

其實，老少沒有不同。我們陷入的飢渴是一樣的。

寂寞。

年輕的寂寞是：我的出身不夠好，我的機會不夠多，所以，我的家人不給我助力，我的朋友不給我拉力，我很難突破已被鎖死的社會層級。

貪玩，是寂寞症候群之一，因爲需要被看到，因爲需要被認同，可是，這個年齡，還沒有找到只跟自己齊頭並進的努力標的，所以不得不用很多玩的形式，來發掘內在。

紈褲子弟玩出社會新聞，集黨結社玩出黑幫械鬥，他們的勇猛，和寂寞的內心有沒有關係？

寂寞。

退休的老人，已經知道人生得失不過如此罷了。於是順理成章回歸生命起源，逐漸只期待與在乎親情。

有點難以置信，但是每個人都可以在朋友圈做口頭調查：有孩子沒孩子，都是家裡長輩最大的寂寞來源？

長輩們沒有跟上時代的進遷，除了一心一意把儲蓄留給孩子之外，竟來不及理解坐享其成的下一代，為何如此炎涼淡薄？

寂寞是兩面刃。

好的寂寞，帶給世界無窮的藝術創作。

好的寂寞，可以讓自己文火慢燉烹出新的觀念。

好的寂寞，在心靈空間沖激累進金沙鑽石。

我年少即明白，很多很多事，都是寂寞惹得禍，包括我自己，也曾因爲寂寞而有所屈服，後來，吃了苦頭過了關，只要再有相同感覺來襲，就知道如何培養抗體當機立斷。

不快樂的人只知道自己不快樂，但是，不快樂看來是因爲事件的引發，我卻斷言可能是跟寂寞有關。

因爲寂寞，讓我們做了很多不智的選擇與遷就。

因爲寂寞，讓我們對狀況解讀起了偏執與狹窄。

因爲寂寞，我們的內在，不但不是心如止水，而且起伏更大，暗潮洶湧。

確實認識寂寞的來源，才有辦法試著迎刃而解。

我從唉唉唉到嗨嗨嗨，也是踏遍千山萬水。

認識自己、提振自己，向來無法全程仰賴他人之手，學習自問自答，我們心情都可以解套。

爲自己量身訂做

我知道你從來都沒有生無可戀的念頭，但是你生活的態度，語言的灰暗，總是讓我想衝動的問你，你的此生究竟有何可戀？你的餘生又爲何提前到來？

我們不是一定要活出光鮮亮麗，但是，能不能不要活的那麼唉聲嘆氣？

快樂不是每天都來串門子，我們也要有跟自己對話的能耐。

「除了工作，我都不知道還能幹些什麼。」

不知道要幹什麼，會帶給你什麼困擾？無聊？情緒低潮？害怕自己在辦公室以外的地方都被邊緣化？

你已經說出你自己的問題了，那就除了工作之外，針對你覺得欠缺的那部分，再去幹點什麼吧！

人生可以只有工作，人生也不是只有工作，反正不會有人爲你的需要量身訂做，你就要爲自己量身訂做需要。

「這個世界太虛情假意，而且都是小人得志。」

小人得志不必讓你懷憂喪志，你該猛就猛，該戰就戰，如果競爭敗下陣來，就重新再練兵器，檢討自己的空門弱勢，而且還要謝謝那些有虛情假意嘴臉的壞傢伙，是他們把一些熱情澎湃的好人推擠給你。

人生不是只有善男信女，人生也不是只有人面獸心。不同流合污是選擇，要特立獨行就得勇於擔當，人在江湖身不由己只是託辭。

放下「當初」

「這麼有錢，還這麼節省，看了都替他難過。」

你難過什麼？人家明事做在暗處而已，低調捐助慈善機構的善款，比你奢侈揮霍的開銷還大。

嫌什麼嫌？金錢的價值，豈是你說的標準才是標準？

有人把存摺裡的數字，當作唯一財富。

有人把扶弱濟貧的能力，視爲是自己的富裕。

人生可以是有錢就好，人生也可以是把錢用到最好才算好。

「如果當初我得到公平的補償，也許我現在不會活的這麼窩囊。」

唉呦呦！這「當初」兩個字又把你拉回時光隧道了，忘了當初吧。

人生不是處處都有俠客仗義，人生只是不斷在衆目睽睽下，自己狼狽爬起。

但願人人都能像刀郎，因狼狽而精進，橫灑劍花，撂倒饒舌。

「沒本事卻走運，眞的沒人服氣他。」

不服氣他沒關係，但要服氣小米創辦人雷軍說過的一句話：「站在風口上，豬也會飛。」

豬，也有諸侯之命。

生命裡的所得不只是實力，生命裡的實力也需要很好的運氣。留著心眼忌妒，不如鎖住焦點進步。

保護自己的內在能量

另外，你常常揪心的小事有點多；雖然你轉述這是別人的提問，我們也可以聊聊。

他常常已讀不回，你真的很生氣，不知道什麼意思。

我知道他的意思。

你的訊文太像無意識的問安語，他只要接收了，就已經算是友善的態度。

通訊軟體的特色是在空閒時間回覆，而不是在第一時間搶答。

當你鬧的發慌時，也許正好碰上人家忙的冒火，然後網路訊號又剛好不太靈光，所以不要追著人家把你放在優先順序，搞不好，人家就是懶得理你，那又怎樣？

人家的生活對象不是只有你一個，別催，愈催愈發現自己的不重要，何苦。

好的友情或好的談話，是相互吸引，不是硬巴硬蹭，「無趣」就是死棋，玩不下去。

生活裡的煩煩躁躁，誰都會有，對於那些看起來完全沒有情緒起伏的女神，我有機會就追問她們這個問題。

我問陳文茜：「妳永遠這麼穩定嗎？」

她說：「我也想了結自己過，剛好遇到路邊公祭，太吵太亂，讓我覺得死亡可能欠缺美感，就算了。」

我問過永遠神采飛揚的沈春華：「妳沒發過脾氣吧？」她大笑：「今天才生過氣，踹門一腳，但輕輕的。」

李秀媛呢？她的朋友代答：「她真的好脾氣，我們從來沒看過她出現負面神情。」

你看，誰不是在發現自己負面言行的同時，就立刻開始整頓自己。

如果有人覺得你很負面，那絕不是一件事造成的，而是你不由自主地在複製傳遞自己的風格，然後，給人留下「垃圾車準時到點」的印象。

實在忍不住想談不以為然的事情時，試著「點到為止」、「適可而止」，這不是社交禮儀，更不是社交虛偽，而是我們要保護自己內在修復能量的不流失。

我有三個病人

我先生和她先生通話時，她在屋子某個角落嚎啕大哭的聲音一併傳來，於是兩個好脾氣男人，在電話裡輪流哄著她，讓她用說不清楚的話順著哭聲霹靂啪啦放聲，累了之後，她自己說：「我要睡一下……我好久沒好好睡過了……。」

她睡了一會兒，真的只是一會兒，就又起駕了，然後，這下半場，換我上陣接手。

兩個男人安慰她，都採取情人喊話方式，順著、應著，不打斷，也不會完全啞著。

握著電話，我和她的一問一答比較像醫生問診，當然，這樣的熟悉，不是因爲我自己久病成良醫，我並沒有專業，但我有得是經驗，跟她說話的某些精準用詞，是我重複爲自己把脈時的自言自語。

最近爲什麼強烈不好？

有沒有試圖克制或控制自己？

會怕聲音？很好，我也覺得安靜一點是比較舒服。

體重掉很多？每一口食物都讓妳反胃？大概是我肥胖的樣子帶給妳壓力，不慌，妳天生是瘦體質。

檢查指數都是正常的？那就可以放心不會有大事。

睡不著，也起不了床？

不敢拉開窗簾？合理呀！我也害怕陽光會把我融化掉。

妳沒有歇斯底里！妳可以放聲尖叫！沒關係的，我也會這樣，而且常常這樣。

不必內疚，妳沒添麻煩，我們很願意跟妳聊天。

我們聊了一小時，我覺得妳一點問題都沒有；現在，我有點看法，妳有耐心聽我說嗎？

好，我是這麼想的。

要清楚，除非用藥精確產生助力，否則，不可以服用不合體質的處方籤。加深藥量卻每況愈下，表示我們需要另外的幫助。

要明白，我們和醫生也有特殊緣分，當感覺不通暢的時間已長，必須假設醫病關係短路，換條線試試。

要快速，找最快的門診，把藥帶去看新醫生，先排除無效的藥方。

幾個星期的生無可戀，在換醫生更新藥物之後，低潮，明顯的拉升起來；窗簾拉起，陽光曬頸，不再是先生做飯，是她想進廚房報答新好男人。

必要的示弱

幾乎同時，我又遇到朋友的先生跌進大黑洞。

「無效藥開連續處方籤是不負責的醫療態度」，他正是陷在相同困境，贊同這個論點，於是我介紹我的醫生。

一切重新開始，他先是每週回診，鑑定藥物的適用度，然後，延至每月門診，直到情緒趨於穩定，才開始領取慢性處方籤。

我說藥用對，人就輕鬆了。

他很認真地描述過去的病史，對自己求好的毅力與意志力很誇耀。

我二度說：「吃對藥還是關鍵。」

「不是。」他突然嚴厲的說：「妳沒有聽懂我剛剛的意思，我只再說一次，藥的成功佔百分之五十，另外百分之五十，甚至更高比例，是靠我們自己的意志力。」

太太笑笑解釋：「他現在變了一個人。太霸道，可能藥要減量。」

我知道，之前，他溫和溫柔，此刻，他強勢強硬，但這個過度階段，家貓變成放山虎是很可以接受的，說真話，我被他刮一頓也刮的很舒服，倒是他突如其來又俯在妻子肩頭低啜的一刻，讓我先生有點不知如何是好的緊張。

我的先生有非常特別的一面，他是沒有心思起伏的人，一定無法瞭解，「他們」或「我們」，爲什麼會應付不了自己的情緒？

我還有一個朋友，也經我介紹去看我的醫生。她說：「妳的醫生根本不好，聽我講了二十分鐘，只回答：『妳沒有問題』，居然連藥都沒開給我。」我爲朋友開心。不必多說。

我也知道有住院的其他病號，指名我信任的醫生不怎麼樣，後來，漸漸瞭解，有些病號因有合宜的保險，所以志在住院，我的醫生把關很緊，只有他覺得狀況有危險性的，才會要求家人配合說勸讓病號到醫院安養，其他太喜歡又太主動要求住院修養的，他並不通融。

近年，憂鬱症開始分類到精神科別，是不是因此，很多病患爲免留下病歷，造成日後職場升遷與評鑑的阻礙，所以，遲遲不願去面對自己的情緒障礙？

不要利用憂鬱症當藉口，用來遏阻職場上工作要求的壓力，也不要迴避憂鬱症會影響自制力，不敢承認自己有藥物輔助的需求。

已經有一個強度病號堅定的說：「人的意志力絕對超越藥物的掌控，但是我承認在最衰弱的時候，我們確實需要靠藥物稍微支撐一下。」

我也是相信毅力、意志力，可以解決大多數情緒起伏的人，只要從「集中注意力」與「分散注意力」兩個路線去調整，你，一定可以有效的應付自己。

放生自己

我有我無情的一面。

因爲父母都是因病而逝，我對探病這件事，留下永恆的恐懼。

逝不亂心，別不長嘆，我很清楚該對生命的來去如是看待；但是病之極苦，總是讓我毛髮豎立。

有了不敢探病這樣的缺陷，我對人總是全心投入，因爲，在看得到的日子裡，做好親人朋友的本分情分，眞的比他日無能爲力的心疼凝視要務實。

當然，我已早早定奪，有朝一日，只接受家人的送別，其他，就順天順命，不再掛心他人，也不讓他人掛心。

千山獨行，並非江湖，而是天命有期，你我自有起滅，只要不曾辜

負，那，早走晚走，那，偶爾想念，就是情之纏綿。

我幾乎沒有任何屬於個人的慶典；近年唯一特出之舉，是因爲出版書籍，而開始了新書發表會、讀者簽書會、演講見面會、通告直播會。

我把問安圖視同騷擾，甚至於對別人說生日快樂也很少。

但是，我又特別喜歡有溫度的事。

朋友子女婚嫁的喜宴，眷村「童學」的聚會，好友的生日派對、結婚紀念日慶祝，我從不缺席。

我適合做道賀賓客，我適合上禮祝福，尤其我擅長自嗨的程度像一個職業觀衆，很能爲主人吆喝熱場，拉提歡聲笑語。

但是，如果你想謝我什麼、贈我什麼，請不要特別操心，只要在每一次相見的時刻，讓我感覺良好即可。

有一次我去錄節目，當年的小夥伴已是大長官，她前來探班，擁抱著我說：「高姐，妳一直在我心裡。」我哈哈大笑：「不要在妳心裡，我要在妳生活裡。」

我俗人指數高過一般人，我不喜歡淡如水，我喜歡甜如蜜，我們認識人是爲了坦然交心，不是爲了訓練戒心，小心一點或許需要，但是沒有必要像戒律一樣的警告自己：這個人要防一下，那個人要躲著點？不要逢迎討人喜歡！不要溫和的像沒有個性！

何必如此？當眞如此，來往之間多蚝癟人啊！（蚝癟之意：癩蛤蟆上腳面，不咬人，蚝癟人。就是，你明明知道癩蛤蟆不會傷你，但是那模樣讓你很難受。我們何必演一隻癩蛤蟆呢！）

金錢界線

我的年少慷慨已轉爲老年守財，因爲挑柴燒水太累，背石唱歌已難，不掐指神算，也該知道自己是否扛得起養老的斤兩。

金錢，我不再是只看大處，也要計較小處。

我極要好的朋友，一再對我說：「妳和我嫂嫂是我認識的人之中，最大方的兩個女人，我也跟妳們學到樂於分享。」

喔！先解釋以上的讚美是溢美，我的大方，只是平民等級積分而已，並非財力傲人，更無炫耀之意，舉此一例，主要是爲了導入以下的話，毫不掩飾我現在對金錢的態度是極爲守口如瓶。

能受到這樣的褒揚，我是面對可以想見的深厚交情，但他那日突然一問：「將來我沒錢，妳會借我嗎？」我非常誠實的回答：「我不知道耶。」

他居然不可置信的說：「不可能，妳一定會借我。」

「我眞的不確定我會怎麼做。」

過一會兒，他不死心，繞了一圈話題後，又問我同樣的話，我，也回答相同的答案。

一旁，我慣於沉默的先生居然跟朋友說：「放心，她會借你的。」

「要借是你要借。我不知道他的原因，也不知道我的能力，所以我不會承諾我的借與不借。」我立刻反駁了先生。

年齡不同，一切都不同了。

年輕時，「借給」別人的錢，最後都淪爲「給」，但這些都不算是「倒帳」，因爲答應的時候，心裡早就明白這些錢是有去無回。

那個年歲的自己，人生裡是沒有後顧之憂的，也沒有突如其來的缺金少銀，能夠助人，也還自珍爲情義相挺，付出無悔。

等經歷又路過一些事，才知道，衰老會侵蝕很多能力與條件。

子彈在自己的槍管裡才能自衛，錢財在自己的腰包裡才不求人。

捨不得也要捨得

對於放棄，我慢慢可以習以爲然。

剛開始跑影劇新聞的時候，會用玉潔冰清來衡量女性的節操，心裡認爲每個美女都是玉女，曾經，知道誰朝三暮四後，居然躲在我紅色小喜美車裡嚎啕大哭過，你說，這不是迂腐是什麼？還有比這更三八的孩子氣嗎？

在自己一廂情願的標準裡，不妄加批評任何人的任何選擇，也懂得允人自由正是最溫柔的善良，這才算真正領悟感情。

這二十年，死而復生的我，因爲有同理心，很願意去陪伴有情緒障礙的老朋友小朋友。

我的另一個好朋友，知道我好管閒事，一再叮嚀我，不要把自己的磁場能量消耗殆盡。

我謹守分寸，只要發現自己的安慰變成嚴厲批評，就會逐漸選擇脫離，因爲，如果我的陪伴沒有拉起你，卻拉沉我自己，我就會接受這是「錯誤用藥」，不再勉強彼此。

有一個朋友很照顧我，也很抬舉我，但是，當我的朋友名單都需要跟著他的喜惡選邊時，對我而言，這不是爲難，是危險，**我知道他的善良，卻沒辦法順從他的偏執，於是在處處爲我好的規範規矩訓示後，我捨不得的捨掉他了。**

對少許事樣無情，是集中火力在深情事物上的必要手段，因爲照顧人除了實力、財力，還需要心力、體力。

人的個性特質有弱有強，我們要把不擅長或太揪心的善意適當解除，力有不逮的部分更不要強行介入與糾纏，感同身受的確是美德，但一肩代扛太過破釜沉舟。

成熟之後，人，是會選用薄情來自我約束。

可是，成熟之前，我在怎樣的火熱中，都熱衷貫徹人溺己溺與人饑己饑的甘願。

人生看總值，只要自己平衡、自己心安理得，當時間咻咻而去，從放生他人到放生自己，就稱得上是有頭有尾，表裡如一。

輯二

三餐四季

誰的日子沒祕密，誰的生活不走音

只要交換手機，夫妻就可能分崩離析？因爲你有不能讓我看到的事，我也有不願讓你知道的感覺。

傳說，透過變音器隨機撥電話，可以製造非常驚悚、非常爆炸性的惡作劇。

只要是女性接電話，就說：「快去注意妳先生的祕密。」掛斷。

只要是男性接電話，也說：「快去注意你太太的祕密。」掛斷。

甚至只要對接電話的人說：「你的祕密我全都知道。」掛斷。

然後，這世界就開始有很多坐立難安的失眠病例。

然後，接到這種神祕電話的人，會不由自主的出現很多疑竇、猜測、驚慌。

誰都希望
從一而終，
但是也得饒過自己

我自詡「沒有祕密的人最自由，完全放心的人最快樂」，但是，如果有人對我說「妳的祕密我全都知道……」，我相信當下還是會被嚇到的；誰敢說自己真的沒有不需要遮掩的一二三四五？

我這會兒的確想不出來我有什麼不能說的祕密，但是面對這樣的惡作劇，我絕對承認誰都有可能會驚死。

在這先提出警告，不可以玩這個非常可能闖大禍釀大災的壞把戲喔！笑笑就好，不可惡搞。

你呢？你會對祕密的指出絲毫不為所動嗎？

不過，祕密也有為他人而守的好祕密，只是普遍的直覺，都認為祕密就是不宜公諸於世的過往或真相。

祕密是個緊箍咒，不管它跟你多緊多久，自己還是要記得：別讓往事挾持你應當擁有的自由。

「誰的日子沒祕密」可以接的歇後語是「誰的生活不走音」。

話要學，歌要練，做的事情要用心，即使如此，有人唱歌荒腔走板，有人說話言不由衷，有人做事顛三倒四，有人炫己好大喜功，對於慣性如此的人，就好像天生左嗓子，唱壞自己人生也不自覺。

有一些人，做了一切正當的準備，還是事與願違或適得其反，別難過，這只是一個當下的恍神。走音一次，多練幾遍，音符的記憶一旦熟悉，犯錯的機會自然減少。

人和人之間，每天都重複出現二重奏、三重奏，甚至多重奏的關係。如何共鳴？如何和鳴？你喜歡因爲悠揚而動人？還是喜歡因爲爆裂而驚人？

我怕重複的事，先生對我的事又特別不上心不專心，有一天他居然怒說：「什麼事一問妳，就挨罵，以後不問妳了。」我反擊：「同樣的事放在你眼前，你就是看不到。考績丙等的人不要問爲什麼丙等，因爲答案很簡單，該做的事都沒做或做不好。」

我是很兇的惡婆娘？我拿辦公室一級主管的方式修正我的伴侶？我眞的不認爲我有這麼差勁，但我承認我是一個長久陷在高頻率走音應對中的不耐者，我眞的極煩在同一件事上的叮嚀。

我有一群女朋友，身材好，容貌好，家庭好，但這不是我羨慕的焦點，我羨慕的是她們多半天生就是好脾氣，也覺得是好脾氣加倍點綴她們的好人生。

我對自己很抱歉，上半場人生急急躁躁，直到下半場人生才開始穩穩當當，我相信天生好脾氣很佔便宜：自己容易滿足，別人容易喜歡。

因爲要摘除毛躁帶來的麻煩，我的好脾氣是「硬練」出來的，但因爲看懂這是成長的修養，也沒有什麼壓抑或勉強，反倒是好脾氣朋友說她們以和爲貴，太多配合與遷就，也是會累積內傷的。

有一種善意很淺顯：不誇大自己的幸福感，對別人就已經可以形成安慰。

來不及校準的心碎

如果只看跟自己的關係，我們又要如何思忖走音的化解？

我的身障老友有極嚴重的不良於行，但是夫妻感情極好。外出，先生背負她下樓，回家，先生背負她上樓。

我們見面時，夫君必定相伴，從頭到尾坐而不言，看似靜靜欣賞她。

她手藝很巧，用廣告單就能編織美麗的籃子，後來憑殘障手冊拿到公益彩券的販售許可。

我去新竹探望她，她當日要去賣彩券，說一本售罄約可得七萬五千元，包括應有的利潤。

她沒有店面，就坐著輪椅在街頭賣，新竹的風，讓人可以想見她的辛苦。我跟她打個商量，開了一張七萬五千元現金支票帶給她，我說：「同意我一筆買下好不好？這樣我們今天可以安心聊天。」

那天，皆大歡喜。

晚上我帶著彩券回編輯部上班，誰要發財呀？我問。

半小時，彩券全部出手，眞是成功的代銷。

我記得最後進辦公室的方嬋大氣的說：「最後這幾張全給我吧！」結果她居然刮出三張獎金。這就是願助人者，必當得益。

坐著輪椅長大的她，是看似美滿，還是確實幸福？我認爲是後者。

但是最後傳來噩耗，她困難重重爬上窗台，縱身一跳……只留下幾個字「我，敗給愛情……。」因爲照顧她無微不至的完美丈夫，被她發現：在外面有了新戀人……。

我們不知道任何過程或細節，連表示一點態度的機會都沒有，她決絕而快速的選擇，是我面對過最激烈的走音事件。

挫折，是理想目標出現路障的情緒狀況。

我們可以臨機一動，用假音、轉音緩解偶爾出現的落拍與破音，沒有一首歌要唱的完美才是美，沒有一個人生要過的合意才是對。

不要爲完美而活，活好的本身，才是完美的註解。

坐好、站好、手放好

每一個女性都可以在家裡客串公民道德教育講師，委婉地提醒丈夫、兒子在任何團體或社交場合裡，要有自律並能理解男女有別的必然界線。

如今看來，幾乎沒有女性不被騷擾過，在成長期裡，我們（當然包括我）一定遇到過在偏僻小徑小巷裡的露鳥族，但眞正可怕的還是進入社會後，遇到一對一的行爲語言騷擾。

「坐好站好手放好」，剛開始連袂外出的幾年，先生是我朋友圈的新客，講眞的，我們彼此才相識幾星期，誰知道會不會發生知人知面不知心的意外；我當然就毫不客氣擺出訓導主任的要求。

先生身高一八五公分，體重八十五公斤，骨架肩寬比一般同高男子更魁梧，坐捷運的時候，我說：「別張著胯子坐，又難看又討厭。」

如果在公車上沒位子要站立，我就更加倍小心，嚴厲設定先生的站位：「你站到我背後。」

請先生站到我背後，不是要他保護我，而是我要保護他，我說了：「一個煞車，你撞到前面女生還衝撞貼上對方，到時有理說不清。」

現在交通運輸有改善，不像當年的我們，上下學擠車子，真的到了前胸貼後背的地步，年輕女生每個部位都在黏巴達狀態，還有人對著頭髮臉孔一呼一吸，真的讓人毛髮豎立，指甲掐到手掌心裡。

不管有心還是無意，跟一個陌生人發生肢體碰觸，就算隔著衣衫也很受罪，如果再感受是蓄意的不軌，小小空間卻眾目睽睽的受辱感，就在不敢聲張的恐懼壓抑下，成了日後的夢魘。

紳士的守則

聚餐的時候，照相已成例行節目，我對先生交代有三：

第一，女生可以挽你的臂彎照相，但你不可以對她們有任何碰觸。

第二，男生相互勾肩搭背時，你不必把手搭在別人肩上示好，因爲你的高大，很影響對方的氣勢派頭，這是很不禮貌的。

第三，在餐桌上，永遠把雙手放在大家都看得到的位置，如果幫女性撿拾掉在地上的東西，請站起來挪開椅子去撿，千萬不要側身彎腰威脅到鄰座的安全感。

我對先生的社交禮儀要求，絕沒有絲毫女性吃醋的情愫在，我是嚴謹而且自私的人，我的伴侶不必榮耀我，但是，如果你帶給我不名譽、讓我無地自容，甚至只是帶給我半信半疑，我都不會當作沒事，查證屬實，絕不護短。

正因如此，我很理解：開襠褲渣男的直接受害人並不只是被侵犯的婦女，他如有妻室家庭，他的髮妻，他的女兒，他的家人，肯定都是間接受害人。

我一直同情管不住自己的男性的背後女人，騷擾比起不忠實，持家的女性覺得哪一種更痛？男性自己又覺得哪一樣更丟人？

在球場或運動場域，男性穿背心打球、穿超短晨跑褲，都沒事，但離開這些現場，即使在家碰到有女眷的客人來訪，也得立刻更換其他便服。男性看女性穿的單薄是什麼感覺？我不知道。但是我懂得，男性在女性面前曝露面積太大，是很不懷好意的，就算你有六塊肌八塊肌也只適合在健身房炫耀。

相夫教子並不是女性的責任，但是我們要有足夠的勇氣叮嚀先生迴避瓜田李下的行爲誤觸，如果他闖禍，請記住，是他犯錯，女性不必代爲解釋、代爲認錯、代爲致歉，身爲騷擾者的親情關係人，妳也是相當程度的受害人。

請問騷擾者，如果你的妻子、子女、姊妹受到像你這樣的流涎非禮與病態猥褻，你不會想用拳頭伺候他的器官、五官嗎？

很多渣男是心理疾病，家裡有配偶，身邊有女友，卻還是滿街找野食像癩皮狗。

我們不是沒有歷經過同辦公室裡很盧的男同事與長官，他們像好萊塢電影裡的畫面，走過去拍一下誰的翹臀，走回來摟一下誰的蠻腰，昨晚我們老同事回述起來哈哈大笑，結論誰誰誰是習慣不是猥褻，誰誰誰就眞的不是一個玩意兒，我們其中的一個她形容的好：任何觸及身體的動作，如果蓄意停滯或游移，就可以肯定是不懷好意。

男人們，爲了自己好，請記得在很多場合要立正站好，你不招三惹四，就沒有風言風語。

女人們，爲了自己好，雖然不要將就委屈，也不要過於敏感，聽說獻殷勤的追求，現在也被列入騷擾範圍，如此說來，除非一見鍾情直接到位的感情，追求這件浪漫事，看起來是很容易就演變成驚悚劇，一旦君子好逑不敢，女人落單就成常態。

仙女下凡也會婆婆媽媽

要爲生活吵架，從不缺題材。

我經常從基隆去台北姊姊家，習慣坐到忠孝敦化路口下車轉車，因爲路線很多，幾乎三兩分鐘就能上車。

先生喜歡在松山國中下車，再過馬路到對面轉車。

我說，基隆路上大卡車很多，橫越馬路很危險，等車的位置又在一個橋墩後面，也容易錯過；他說，忠孝東路走三站就會多浪費十分鐘，當然要在基隆路就下車。

浪費時間？你是急著去吃喜酒？還是趕著去做新郎？爲了這十分鐘的不以爲然，生氣值得嗎？可是不但氣，還重複發生。

我們二人之居，有四個冰箱，一個家庭冰箱，一個飲料乾貨冷藏冰箱，一個格層肉品分類凍庫，一個可放鍋具的臥式冷凍庫。

我對食物安全有焦慮之症，所以除非不能入冷的食物，否則一律清楚分類在四個冷與凍庫藏保鮮。

先生習慣購買當日即時烹調肉菜，食材如有剩餘，一丟進儲藏，就從此與他無關，每次新買新作的結果，反而讓累積的食材雜亂多量。

隔不久，我就得主廚一次，在不再添買葷素的情況下，只要消化庫存就能做出一場豐富大宴。

去兩個冰箱的姊姊家，我也喜歡多管閒事，只要看到冷藏空間的包子饅頭燒餅甜食，都會一看再看、一嗅再嗅。

我說，食物初霉是看不出來的，所以冷藏都不安全，必需放在冷凍庫，可以鎖住水分，拿出來常溫恢復後，跟新鮮的一樣。

她送我幾個月餅，說：「通通照妳的意思放到冷凍庫，我簡直不知道硬成這樣怎麼吃。」

現在大家去買麻糬，店員是不是都提醒：「吃不完不能放冷藏，要放冷凍喔。」

冷凍是很多食物保鮮的必要方式；生活小細節，不也常常要溫故知新？我的家人為什麼都這麼厭煩我的叮嚀？

柴米油鹽醬醋茶

女人們在一起，最常見的話題就是罵男人。

喔，不是罵男人，是罵丈夫，因為女人是很單純的，只有丈夫這麼一個異性權限。

罵些什麼？妳們家會這樣嗎？男人是不是像小孩兒一樣，總是讓妳歡喜讓妳憂？

吃一頓飯，自己面前位置，不是菜渣就是湯汁，再老一點非戴圍兜不可。

你不必幫忙做家事，每個碗盤都碰的坑坑疤疤，玻璃杯也都是濛濛不亮，客人來，要用時，殺的我措手不及。

和你說好了，酒，可以天天喝，不准喝醉，牌，可以天天打，不打夜牌。

人家先生笑容可掬，接接送送，我們家爲什麼都面無表情，連抬頭看我一眼都沒空？

運動完的衣服掛在籃子邊，別跟其他衣服混在一起，那麼濕，明天會有臭味。

打開的鐵罐罐頭，要把沒吃完的換保鮮盒保存，不然鐵罐會氧化污染食物。

嘀嘀咕咕，遇一次，說一次。你煩？我更煩？

就算仙女下凡，只要跟著男人過日子，就是沒辦法不婆婆媽媽。

你以爲希拉蕊不是這樣？

你以爲林青霞不管柴米油鹽？

你以爲各個董事長夫人全都坐享伺候？

得了，她們也是任重道遠的，要伺候好一個男人或一個家族的所有社交場合，其中包括張羅家宴、選購禮物、笑臉盈盈……。

雖然格局大不相同，但是骨子裡，女性不管是貴婦平民，還是有職無職，對一個家庭而言，女主人天生就得掌握「一婦當關，一夫莫敵」的優勢，這個道理很簡單，你放眼看看，哪個幸福家庭不是女權至上？

所以，爲了好風水，男性必須讓著女性，丈夫必須哄著妻子，這些，在做情侶時，就得實習暖男作風；不過，暖男也有選擇權，如果面對不懂見好就收的公主病，而且還刁鑽的一再臭美，那是可以拒絕買單的，扔了她吧。

在平面媒體全盛時期，報社業務部主管的收入極爲豐盈，時代變遷，貧富故事——成了鄉野傳奇，那時業務人才爲節稅都各擁有自己的公司，公司如果是用外聘會計，金牌業務時傳晚景淒涼之說，但如果是用了妻子管帳，大錢小錢就都穩穩守住。

男人不要只在乎眼前的仙女下凡，還要懂得喋喋不休與婆婆媽媽是有神奇任務的，管緊你的老婆眞的比奉承你的美人，更能提供你安全的未來。

窮不可怕，困才難受

窮？有人不怕窮嗎？我想我會怕，但又不是很怕。

窮這件事，是會讓人處處不便，但是如果窮而不困，就還有很大的轉圜空間。

我最壞的人生，在四十歲至五十歲之間，因爲初次落難，以爲這就是天崩地裂，以爲這就要死無葬身之地，所以自怨自艾把療程拖得很長很長，殊不知這是作繭自縛，浪費更多光陰。

長大之後，明白**別人有別人圈地爲王的權利，修正自己與振作自己，才是敗中求生的必需信念**。

爲了避難苟活，我在汐止買了一戶有電梯的房子，算是第一次離開繁華入住鄉下。

誰都希望
從一而終，
但是也得饒過自己

當時是民生報副社長石敏先生和同事卜人美同時陪我前去，次日再由他們陪同我去房仲公司簽約。

我不想承擔額外的貸款利息，所以除了留下低額度的生活費，我將手上所有現金一次付清，而且每一分錢都是出自我自己的積蓄，不曾請求任何外力支援。

我明白，**愈是落難愈是要有自己的窩，用來藏著自己的窩囊，用來等著傷口的復原**。

四十餘歲開始的獨身，讓我用畢生積蓄重建安身立命窩居，我，開始進入零存款的日子。

我是窮人了，好在我不是窮困之人，因爲我仍有一個收入穩定的工作，而且在薪水階級裡，每月所得還堪稱是豐厚待遇。

一切重新開始的目標很清楚，我需要的是「脫貧」，不是「脫困」。事實上，我是從困境中出走在先，我要面對的是避免「老若無糧，萬般淒涼」，所以萬念俱灰中尤能自我喊話，無論如何都要再次奮起。

每月只有食衣住行的必須開銷，無娛無樂也無以爲苦，因爲那時怕見人、怕交談，如果不是爲了要有收入，連出門上班都倍覺艱辛。

然後，有一天，我就這麼突然驚醒：幹嘛爲這些破事傷神？

從四十歲到五十三歲，我整整存了十三年的薪水，於是我很大膽的在不足退休年齡時申請了退休。

自由，是我人生的追求首要，婚姻如此，工作如此，情感如此，人生如此。

我或許不夠清楚自己要什麼，但是我絕對清楚自己不要什麼，**對於金錢，我只有一種愛慕，就是在選擇「我不要」「我不想」「我不願意」時，覺得它是最能扛起我的籌碼。**

我把車賣了，開始學坐公車。生活條件究竟是從奢入儉還是從儉入奢？說實話，對我無差，我很能適應那些再也大方不起來的作風。

當時，應該說很長的那些年吧！不知道是朋友變少了？還是根本達成清理門戶？反正工作以外的時間，幾乎都是家中獨坐。

不再理會社交的日子，先是孤單，繼是平靜，後來，也就習以爲常，喜以爲樂。

內心常常只有兩個場景，一是一望無垠的沙漠，一是漫無邊際的旱地，畫面光圈開到極限，亮的人眼睛都張不開。我的世界和我的心，寂寂無人。

即使如此，我還是能理性的看清活下去的必要條件。

才五十三歲，從現在開始重新積蓄，只要省吃儉用就能過日子嗎？萬一稍稍有點意外開銷、健康風險，我是不是供應得起自己？

謝謝命運之神沒有棄我而去。

從離開職場那年開始，我的工作機會沒有斷過，有些，能帶進收入，有些，只是圖個快樂，加上我杞人憂天未雨綢繆的神經質得到改善，就算不是全然放心，也懂得撇開自己嚇自己的各種虛擬問題。

我和金錢的關係，是我不揮霍它，它也不來驚嚇我，完全是君子之交淡如水的清澈自在。

從困境中出走

我偶爾會揭一點心靈上的創傷布達天下，不是爲炫耀我有絕對的毅力反轉人生，而是，我想看著你的眼睛說：**每個人在生命過程裡，都需要不斷重整旗鼓，衝鋒沙場，斬妖降魔。**

妖魔可能是事。

妖魔可能是人。

妖魔可能是運勢。

妖魔，可能是我們自己內在扎心的念頭。

也許我曾有的困難，在你看來只是雞毛蒜皮，但是你現在的困難，對另一些人而言，會不會也只是芝麻綠豆？

屬於自己的切身之痛，永遠沒有誰能眞正的感同身受。

咬著牙忍痛的是自己。

扭動掙扎的是自己。

誰都希望
從一而終，
但是也得饒過自己

甚至能好能壞也是靠自己頓悟天意造化。我們唯一能採取主動的堅決，就是永遠先看出自己難題所在，永遠要發憤圖強充滿鬥志。

別人能給的鼓勵多半像抽象藝術，懂或不懂，還是要落實在自己的行動力上才可能突圍。

不管幾歲，最壞的人生，就是對自己怨天尤人的習性毫無改變能力。我不是沒有糟糕的過去，我只是敢於選擇我的去處，有時柳暗花明大放光明，有時一敗塗地輸到脫底，拐彎不拐彎都有風險，但是比起原地踏步，我還是覺得：換一個節奏多一次機會。

還繼續跟我聯繫的小同事，現在也過中壯年，我直率無忌叮嚀他們：要存錢喔！有儲蓄才能撐起沒有預警的壞運氣。

富裕在心，過關在錢。錢，一向是重要的解鎖密碼。

此「書」非彼「輸」

百無一用是書生？讀書不如滑手機！是嗎？不會吧？

你總是念過「書中自有黃金屋」，也時而聽聞「書中自有顏如玉」，但是，我們不是看到上下完整勸學詩句對應，才有更開闊的理解，而是面對自己某些條件的不足，才覺得能被趙恆的《勸學詩》七個字接住並轉念，重估自己的新價值。

富家不用買良田，書中自有千鍾粟。
安居不用架高堂，書中自有黃金屋。
出門莫恨無人隨，書中車馬多如簇。
娶妻莫恨無良媒，書中自有顏如玉。
男兒欲遂平生志，五經勤向窗前讀。

誰都希望
從一而終，
但是也得饒過自己

書有沒有讀好，是你跟學校父母的事。他們會約束參與很多，也訂定他們之間認同的施教驗收標準。

閱讀，才是自己的事。閱讀，是以自主的方式，建立個人吸取課業以外的讀物內容，並在習慣、嗜好、進修模式中，產生主觀需求，逐漸形成質量帶來的內涵改變。

青少年是看書的，寒暑假時期尤其明顯。

博客來網路書店一到學生假期，排行榜就被年輕書叢佔據，百名即時暢銷書裡，大概有八十到九十本是少年書，爲什麼如此確定？因爲看書封就很明確，都是校園羅曼史題材，而且全都是漫畫插畫書封。

漫畫沒有不好，這二十年風靡全世界票房的電影，很大比例是從漫畫變動畫，再從動畫改編電影。其中，日本以動畫電影取勝，好萊塢則因科技發達，在漫畫電影上的出色所向無敵。

我聽洪蘭老師演講時特別求教，青少年單一化的閱讀風氣是否危險？洪蘭老師說：「用圖像說故事，確實可開發很強的想像力，但是聽說讀寫仍是知識學習結構體中最需要的基礎，所以有必要全方位學習。」

是啊！史匹柏也好，宮崎駿也罷，他們在陳述創作的時候，如果沒有豐富的閱讀涉獵，對個人作品的解釋，不會那麼迷人。

閱讀造成的最簡單反芻是：你會掌握文字與語法的融會貫通，然後衍生可以精確表達自己風格的魅力。

如果你不喜歡閱讀，我建議你再給自己一次機會，改變閱讀前題，私語自己：「我不是爲了閱讀有好處而閱讀，我是爲閱讀可能的樂趣而閱讀」，把閱讀導入一個輕鬆的自由意志狀態。

閱讀從來不是什麼需要炫耀的事，但是，閱讀確實會有意無意讓神采絢麗起來。

資訊發達的現在，沒有什麼人再對紙本閱讀「鍾愛一生」「從一而終」，連「回頭一瞥」「偶一爲之」都不假顏色。

「因爲視力不如從前，所以實在閱讀不便」是熟齡人推辭閱讀的最常用理由，其實，手機的字級往往比書籍更小，而且螢光對視力的傷害相對更大，但這並不會阻止老老小小每日瀏覽手機的時數。

唯有讀書不會輸

中國字「書」「輸」同音，竟莫名奇妙成為推動閱讀的障礙，早年曾有圖書禮劵這麼棒的文創商品，但是以贈書為伴手禮的風氣還是推動不起來。

閱讀可以改變人生，不要以為口說無憑。

為了佐證書海值得一游，我找了很多視頻跟報導，佐證馬斯克、比爾蓋茲、巴菲特、貝佐斯、馬云都一再強調過：不管什麼類型書的閱讀，都是重要而且必須的。

其中特別讓我嗨的一則報導指出，馬斯克曾在一個月當中讀過六十三本書，而比爾蓋茲一年的閱讀總量是五十三本。

我的朋友曾把我的書帶到美國當伴手禮，她說：「只要不會打牌的都說這書很好看。」

多年來鼓勵並支持我出書的同學說：「師父叫我不要再買書了，買書就是買輸，所以我這兩年的營業額一直受到影響。我聽了心裡怪疙瘩的。」

我對這麼時尚的企業紳士同學說：「你全世界奔跑，早就聽聞歐洲先進國家，每個百姓平均一年讀書量是六到十本，只有台灣會把同音字的『書』和『輸』畫上等號。冒犯一下，師父所言差矣，他一定也引用易經、奇門遁甲，來輔助自己觀象說命的功力，這不就是他的閱讀選項，而且還能套用教化你。」

受疫情影響，這三年，全世界只有電商物流在賺錢，並不是我這愛買書的同學運勢不好，我跟他說：「你該相信自己，也該相信世界名人的成功學之一，就是大量閱讀。」他接受了。

不讀書就背成語

台灣書市不景氣，閱讀不成氣候，難道眞是一字之音，讓大家覺得非常觸霉頭嗎？如果把書這個字詞做中西合璧的改造，也就是「book」和「書」結合成一個字「book書」，那不就大吉大利了？因爲「book書」音似「不可輸」，是多麼堅定的吉祥字彙。

在冰島，在德國，平民之間的禮尙往來，常把書籍當作誠意十足的拜訪禮，出版業甚至在年度大節裡，提前把出版目錄寄給多數家庭參考，以滿足他們以書爲禮的預覽需求。

優秀猶太人，從幼兒時期，就被訓練、被培養、被要求養成閱讀習慣，每個家庭都把這個傳統家教列爲不可違逆的家規。

日前遇到出版界大老，閒聊起來，他說疫情三年的銷書量還能讓同業勉強度日，但是疫情已渺的這一年，卻是山塌雪崩，業界已分析不出爲何如此，也欽羨日本和韓國的出版市場完全沒有衰退。他們複合式的實體書店尤其營生穩定。也許，任何地方堅守照定價售書的風氣，的確把在店頭隨看隨翻的讀者，養成對喜歡的書當即就買的習慣。

喜歡閱讀的父母，一定有喜歡閱讀的孩子，因爲家庭的環境氛圍就是最好的薰陶歷程。

不管是大人還是孩子，如果實在不喜歡閱讀，不妨投機取巧，家裡準備字典、對聯故事、成語大全、笑林廣記、諺語欣賞……，夠了，你和孩子天天看、順便背，要不了多久就自然入心，運用自如。

兒時的學習，師長甚爲看重背書，當時背而不懂，但是全都刻入心版，長大了，言談之間，這些成語典故會不知不覺脫口而出，這才明白背書有道理、成語眞好用。

擁有較多字彙，言談自然豐富，當你愛上這樣的精采後，你自然無法拒絕更廣泛的閱讀範疇。

用錢的藝術

錢夠多，可以花在旅行坐頭等艙，在黃金地段買豪宅，資助公益團體。錢再多，都不是爲了遠程目標要住頭等病房。

有了這個觀念，在很多事情上，你會優先善待自己的身體，也捨得處處爲健康著想。

我是小戶人家，不會捨得坐豪經艙、商務艙、頭等艙。

但是一次去西雅圖，一次去北京，狠下心款待自己之後，從此就再也回不去經濟艙了，好在我因爲懼高又恐幽閉，自來不喜歡飛航旅程，就少有掙扎矛盾的機會。

企業家們，今天在亞洲、隔幾天到歐洲、然後又出現在美洲，一個月可以飛遍整個地球，財務系統支持他們在最舒適的環境等候每一場會議，機艙等同他們的小客廳小臥室小辦公室，或坐或臥，眞的不累，甚至百般忙碌中，搭乘飛機是他們最不受干擾的休息時間。

富有的人，可以透過金錢的力量，輕鬆的換取時間與空間。

咱們尋常百姓，也可以根據這個概念，爲自己尋求量力而爲的生活美學。

我還小的時候，爸爸和哥哥都在做股票。那時做股票很累，如果沒有到號子（證券公司）去看盤，就只能聽電台播放卽時行情，速度快的喘不過氣，一輪下來，再聽到自己買的股票，少說也是六、七分鐘之後，現在來看這種掛價買賣方式，好像滿荒唐的。

幾乎隔不了幾天就會聽爸爸嘆氣：怎麼一買就跌？一賣就漲？眞是有匪諜？

哈哈，可憐的爸爸和哥哥，金額不大的投資，虧損起來，讓我們孩子都心疼著他們的心疼。

並不是極大的寬裕，才能讓我們日子過得不必遠憂近慮，而是想清楚輕重先後順序，我們才能考量金錢適合擺放的位置。

誰都希望
從一而終，
但是也得饒過自己

金錢圓夢，各有境界

住在蘆洲的郭，她新北市有五家服裝店，從會計做到闆娘後，她的重要任務是照顧娘家與婆家，照顧子女與夫婿，不再過問經營管理。

但是她喜愛閱讀，從來沒有跟社會趨勢脫節，而且，相當有見地。

她家幼子參加畢業旅行的時候，全車同學都在玩手機，只有他在車上安安穩穩開開心心的靜看「莊子」、「孟子」，老師印象深刻，問家長怎麼做到的？

郭說：「我支持他做對的事，也堅持我不允許的事，這都是從小就培養的默契。所以沒有手機可用，並不會讓他在同儕中沒有面子、不快樂，他已經可以分辨自己的需要。」

不提早給孩子手機，不是爲省錢。

不提早讓孩子學賺錢，則是她看到人生的其他可貴之處。

爸爸事業有成，希望長子能接手事業，但「賺錢」、「生意」都還不在大學生的認知範圍裡，爸爸責備媽媽：「我的狼子，怎麼全被妳養成羊子了？」

郭說：「現在接手生意，他大學嚮往的興趣豈不都白唸了？你應該讓他在社會上歷練一下，再跟在你身邊學習，你給他選擇機會，他才有馴服的可能，對孩子，不要用財力勢力強勢領導。」

敦化南路的她，家裡管家跟了四十年。

推算一下年紀，眞是老太太陪老太太了。

有一天，打工的老太太摔一跤，住院一個月，回來後，凡事力不從心，女主人還要處處照顧她。

貴婦做家事已不靈光，就又請一位不留宿的鐘點工，讓服務四十年的大姐升任指揮官，新舊兩人配合的歡天喜地。

一日她花錢四千，手持批命便箋：「累世集德，無病無痛」，她說衝著這八個字，更要扶弱濟貧。這麼大方的主人，去三明治餐廳時，非要停到停車場，不肯代客停車，因爲，代客停車小費太貴了。

怎樣花錢？錢花到哪裡？眞是各有各的門檻。

另一個她，不喜歡孤單感，一年三百六十五天，有三百天邀朋友在餐廳吃晚餐，吃完飯還一定說：「謝謝妳們陪我吃晚飯。」

我說：「家有工人可做飯，或者我們帶好吃的便當來也可以啊！」她不要，她就是不要，在餐廳裡看到人多，她就覺得比較有安全感。

她提撥很多私人存款去拍公益廣告，生日許願也是希望日後做的更多，她說：「反正錢多的花不完。」她這麼說沒有炫耀的意思，只是不想讓受贈單位對她說太多謝謝。

她唯一的問題，就是一直受不良於行的困擾，她用自己的狀況告訴我們：「只要不被攙扶就能好好站著，對我竟然是如此困難……。」

有一次我們在基隆一家大樓晚餐，那天她有稍微妝扮一下，上洗手間的時候，清潔工看到她，就跟我說：「妳妹妹好漂亮。」

哈哈，那天可把大我十歲的她高興到了。

擦點胭脂抹點粉可提振精神，讓自己耳順心喜，有何不好。有點年紀，更要讓自己神清氣爽。

自在的生活實踐家

漂亮千金貴公子，酒囊飯袋較精緻，一早雞啼催更新，肚腸咕嚕滑滿池。

人嘛！吃的好，吃的糟，起床瞬間都會留下消化後的粗糙。

看懂皮相與身軀在生命中無可豁免的本質，我當下撫慰並告誡自己，貴中之俗，是天下人無可相異的實相部分，任何沒有光鮮亮麗生活條件的人，至少要感謝坐馬桶的時候，貧富雙方都只在乎順暢。

吃喝拉撒睡的戲謔，讓我加倍省察自己。

因爲我沒有特別的優勢，沒有傲人的優秀，我就格外需要優化自己的個性，創造市儈價值以外的優點。

誰都希望
從一而終，
但是也得饒過自己

自幼得到這樣的教誨，精神體力的追求都是：不必以追求上流階層爲目標，但要避免受困在艱苦的底層。

於是技不如人、藝不如人、學識貧瘠、知識不足、少有專精、難達風雅，在文化文采水平樣樣普普的狀況下，我的認知幫助我做選擇：不要好高鶩遠，不要貪戀金粉，要做一個聞道即往的生活實踐家。

價值的衡量不能只定睛在金錢數字上，也不能靠列舉自己在社會階級的層別上，保持明亮開朗的好心情，是一個人可以靠自己就強大的隱形富裕。

生活實踐家是過好自己，是凡夫俗子在世的最大成就。

自忖不才，謙卑爲上，可以爲心性言行撐起一個很大的空間，在這個安全氣囊裡，我們滿足安貧樂道，我們撿拾自得其樂，我們進退有守，我們既欣賞所有的高人一等，也暗助需要惻隱援手的人，謝謝我自己有恰到好處的自信，在南轅北轍的社交場域，不會有太多的拘謹或不自在。

站在貴賤兩頭的中間，我能平衡自己的內在，服膺世界本來就有兩極命運的事實。因爲，我就是我，我相信千古流傳的眞理，也努力但不費力的活出我反芻後的生活道理。

美好就是你我都自在

我們常一起玩樂。

那天，她坐在我旁邊，漂亮手腕戴著漂亮手錶，我問：「這一支手錶幾多錢？」

她猶豫一下回答：「三百。」我搗起她的錶大笑，我當然知道她的三百和我的三百差了五個零。

後來，又坐另一個她的車。

新車的皮味，讓人亢奮。

「我們是坐車？還是坐船呀？」她笑了。

我猜：「這部四百多？」「嗯！差不多，差不多。」她的四百多和我的四百多，當然又差了五個零。

我知道自己是一個平民，從沒打算蓄意和一群貴族交朋友，但是，我的宿命卻常常被擺進她們之中。

跟著她們，我看到昂貴高貴，但是沒有看到趾高氣揚。

跟著她們，我吃盡山珍海味，但是沒有嚐到炫耀膨風。

跟著她們，我學到社交文化，但是沒有流於譁眾取寵。

她們都是我社會大學的校長、教授、講師、同儕與玩伴。

我的朋友有什麼樣的背景，我多半會告訴家裡人，好讓姊姊安心我的生活圈。這個結果造成姊姊耳提面命：「妳出門，可不可以不要那麼邋遢？可不可以不要處處省錢？可不可以講究一點門面？」

我沒有邋遢啊！我也沒有摳門啊！我的門面也說得過去呀！顯然，這是比較級造成的頑強印象。

對我而言，只要，不佔人便宜，不逢迎扭捏，不手足無措，能再有點知識，有點幽默，有點人際典故，那就不亢不卑啦！出門約會又不是帶著身家比武招親，輕鬆點嘛！

不要蓄意擠身名流，不要激情運作上流，自己是什麼樣的流派，自己要懂得分寸，自己要懂得安分守己。

我很樂於做一個被甄選的無名小卒，你敢邀我，我就敢落落大方前去。除了不喜歡坐飛機，其他人事地物的接觸，我都不怯場，因爲我已習慣，你有的，這一輩子我都不會有，同時，我也相信，我有而在乎的，也未必是你會有而在乎的。

朋友之間最大的美好，是，只要與你時空同在，你我都能放鬆自在。

好好變老的四個條件

高齡來臨，繼續支持自己快樂過日子是有相當條件的，別輕忽身邊的人事物對生活品質的影響。

要在乎的事不多，但需要在乎的事，不能不想清楚。

條件一：健康為樂活之本

就算你吃多種慢性藥，別嘀咕自己，只要吃藥能控制的狀況，都算是健康，好嗎？萬一狀況特別差，體力也相當衰退，你姑且相信與試試吸引力法則裡的能量召喚。

在靜修精修心靈課程裡，各門各派都強調冥想的重要，諸如想像自己：吸進清新空氣在體內迴轉，把污濁晦氣壓迫排擠到體外……。

現代西方科學醫學也證明：大腦可以接收念頭的暗示並加以儲存，最後形成優劣能量的直接反芻。

簡言之，**常想好的事，就會常發生有益的事。**

只要行動自如，就能照顧自己，人生無求就是最大的自由。

條件二：積蓄之必要

健康受損若已嚴重，就只能希望此時此刻，能有足夠的積蓄，做有病治病、無病強身的最後挽回。

重病，是難以解釋的運氣，如果已產生悲劇的評估，唯一還能做的，是把無效治療資源化繁爲簡，不要讓身體心志對抗與延長沒有意義的折磨。

財閥巨賈有結構專業的信託基金會，強大的財務當然需要有必然的規劃；但是一般市井小民或小富之家，眞的無需擔心遺產稅，因爲遺產稅對我們，真的很有限。

擔心遺產稅的長輩，爲子女考量過多，很可能把「未來的遺產」當作「現在的現金流」全面輸出給下一代。

下一代網路聲浪與實例，相當駭人，認爲奉養照顧是「甘願」而非「應該」，稍稍要求，就被列爲感情勒索。

試想：一生努力的結果提前分配完畢，因而造成人生尾聲時最大的風險巨浪，貧病交迫時，除了自憐，又會有誰悲憐？

條件三：時刻感恩「義人」的存在

優秀子女在天涯，身邊憨兒受使喚。

心存照顧父母的反哺之情，是孝子之心，也是義人之舉。

伴侶可以是義人。

朋友可以是義人。

親戚可以是義人。

鄰居可以是義人。

養老之際，即便錢財無虞，也需要有人陪伴舒心，也需要有人偶爾協助提領生活費，更需要在不能自理的時時刻刻，擁有這些盡力而爲的保護者。義人之所以稱義，就是因爲他們願付出、無目的，在需要的時候提供需要與陪伴。

對於義人的不求回報，受照顧的可不要視爲理所當然，如果自己對有恩有情的人不表達謝忱，就別傷感親生子女對你的愛出現無情。

有幾個「老」朋友，餘年歲月都是靠幾個義人輪流照顧，但離世時，子女返國第一件事，就是先把父母帳號更換密碼。

正直的人掌握鑰匙也不會偷盜，雖然義人無嘆，但血親的快節奏，似乎明示：孩子擁有財產收割者的權利，毫無奉養照顧的義務。

條件四：朋友知音不可少

心理學論述說，一個人同時段能擁有來往朋友的人數極限是一百五十人，但是交心入裡的極限只有五人。

交心的朋友，帶來內在安全感，可能是家居的常客。一般的朋友，帶來社會融入感，可能是外出的樂源。心靈感應與緣分天成，是朋友會成爲什麼樣朋友的關鍵。**常聚未必親，偶見未必疏**。**只要每每相見，舒適輕鬆，就是養樂養生**。

年輕人本當活力十足，但是手機手遊很可能讓他們適應一宅一生的潮流，到是在社會完成數十年奮鬥的大人們，可以結伴走出家庭、辦公室、兒女親家的三宅一生。

被工作耽誤的人，在退休生活裡出現繪畫、樂器、攝影等學習之旅。其中最厲害的是外型粗曠豪邁的男演員雲中岳，他學會踩電動縫紉機，家裡大大小小抱枕、沙發套、牛仔褲改背包都是他的傑作。

人，不一定是朋友，朋友，也不一定是人，用一種嗜好陪伴自己，等同找到沒有變心之虞的知音。

養出好心情

我願是一棵樹，縱然歪七扭八，但在大地之上，冬日綠葉的落盡，孤枝野藤的倔強，仍讓我有著自己的姿態。

我從不妄想做一株會開出妖豔花朵的盆栽，因爲我不習慣蹲在很多人工關懷的養護中，那樣引來的喝采，完全依賴澆灌我的主人，如果他忘了我，我可能無能爲力的就凋零了。

親愛的女朋友們，妳的命運，像樹？還是像花？妳選擇成爲樹？還是成爲花？

最好，我們都是隨著季節，自然開花的樹。

然而，對多數人而言，都市生活裡的我們，如果有方寸之地養養盆

誰都希望
從一而終，
但是也得饒過自己

栽，已是得天獨厚。要想擁有一棵樹，對我，是夢而已。

我有一個長條形露台，在園藝上受限較多，也很難安置座椅，但是我已經太滿足了。

台北房屋少見窗台。

花蓮朋友的精緻小宅，不但每個房間都有外陽台，而且每個窗子都有小窗檯，可擺小瓶小罐的插花，不出一星期，就可以看出向陽性的有趣生長姿態。

你若煩躁不安，聽我的，別說一只盆栽，哪怕是環保飲料瓶插一小小左手香水栽，都能讓你每日心情不同。

養花幾年，頓悟甚多。

我不是綠手指，我只向都市受困者進行邀約，請你跟著我的經驗培養你的好心情。

養出好心情一：改善一成不變

現在飲料瓶都精緻漂亮，當然還是玻璃的最好最美，留用，不輸小花瓶。

玻璃瓶口徑不大，只需一支左手香就夠（味道真是好啊），那葉片的香氣，可以從一早刷牙開始，便在浴室散放，讓你神清氣爽，讓你見綠心喜，一週換一次水，它不會凋零，不會帶給你挫折感。

此外，裂葉福祿桐，黃金葛，雖然土栽居多，但是都很適合插一小支在小水瓶放室內，甚或用白玉碎石鋪在袖珍小盆表面造景，書桌上多了這個擺設，會提高工作興致，又美又不花錢，當真在路樹上摘一片，只是九牛一毛，沒人會責備你的。

養出好心情二：葉脈裡看見人生四季

黃葉凋零花自謝，會教你看懂順風逆境當沉著。

誰都希望
從一而終，
但是也得饒過自己

我養三盆九重葛，照著花藝知識虐養多施薄肥，受的日照也都相同，結果，一盆合栽的紅花黃朵燦爛似妖精，另兩盆綠葉滿滿，卻打死不開花。

偶見抽芽小綠葉，三兩天後變黃飄落，原來小芽也會早夭。常綠植物也有短命時候，職場一輩子，誰又總是花團錦簇？生長與生存，都是無止盡的奮鬥。

順利的時候，不要忘記謝謝對手與隊友，他們都是栽培你的園丁。換季的時候，不要放棄在不符你的濕度溫度裡扎根掙扎，冬日枯枝看似一葉不留，其實只是等待屬於他的氣候重臨。

養出好心情三：花瓣間的高潮迭起

繁花爆盆驕天下，藍雪一夜凝無語。

花語釋爲冷淡憂鬱的藍雪花，本是鄰居的淘汰花。

到了我家，一月施肥一次，平日與她偶作交談，她也就有了我的霸道風格，不像公主像太后，自顧自的花瓣片片，日復一日的滿佈瓷盆。

鄰居在群組各貼家中植栽，我也傲從心起，把藍雪花拍出一張富貴吉祥的炫耀圖，自誇起死回生的功力。

第三天，一早，驚見，藍雪全禿，一朵花也沒有了，看盆邊黑色便條（不是便條紙的便條喔）瞬間秒懂，媽媽耶，夜蛾的幼蟲是巨食怪獸，一夜之間吃完整盆花瓣，還當卽排洩在盆子四周。

養花是一樁勤奮工作，除了愛花懂花，還要力戰她周邊危機四伏的病蟲害。

勤奮工作也像養花自娛，你在作喜歡事情的同時，也要觀察自己的優劣勢，才知道如何調整環境裡的酸鹼值來容身。

曇花只開在夜間，美姿瞬間卽垂頭。
太陽小花葉瓣豔，晴朗日下活一天。
深埋塵土十多年，夏蟬狂鳴七日命。
三吋植栽體態美，換盆生長如涉險。

人如花，花如命，賞花入心，心必有感。
多少人間事，各有命定時。
養花種樹最明白，怡情之餘悟禪道。
黃葉莫讓掛樹梢，惡習不許隨身繞。

培養興趣就是培養個性。
我鼓勵上班族考慮以花為師，每一個一百元的養花成本，都可以讓人體會出一套非常個人的邏輯組合、哲學觀點、思維角度。

健康是個大咖

姊夫坐骨神經痛了多年，看西醫，做復健，又千里迢迢到大溪去做民俗療法，經絡槍打一次一千五百元，結果折騰一年又一年，所有方式治療無效，一走路，他就痛的火氣都上來。

有一天突然想到，這一年他走路好像沒事了。對，他每天早晨禮佛，並行頂禮，臀坐足跟，身軀手肢完全向前匍匐延伸至極限，七、八個月下來，連五十肩都徹底痊癒。

有高血壓的大姊，這一年時間，都處於服藥仍不穩定的狀況，清明時分我們去三峽拜望爸媽，回程，她身體極不舒服，我們先問：「早上吃血壓藥沒？」她說有，然後跟開車的二姊說：「看到任何診所都停

誰都希望
從一而終，
但是也得饒過自己

下來，我想先量一下血壓。」

我在後座，霸道說：「直接開回台北，不要中途進小診所。」

我們從三峽飆車開到北醫，大姊夫已等在急診門前。

進急診室一量，大姊高壓已飆到兩百五十，醫生立刻採取必要措施。後來，大姊住院一星期，一再試藥，終於找到符合體質的藥方。

當時我爲什麼不要中途停車？因爲眞的量出高血壓，我們會不會進退兩難？留在外地怕耽誤，再趕台北怕開車的也心慌意亂。我的選擇太躁進？我也不知道，其實任何急症，都是賭命對吧？

先生早期對高血壓藥的態度，總是愛吃不吃，還反駁我：「常態性的高壓一百五十很符合年齡。」

他的鐵齒同學認爲，都是藥廠用政策性血壓標準唬弄我們，結果拒吃高血壓藥的他，有一天散步途中不適，拐進一家路邊診所掛診，診所只說：「快去大醫院……。」（聽起來很驚悚？）

去了大醫院，馬上檢驗出高血壓造成腎衰竭，從那天開始，不但洗腎，而且必需服用降高血壓藥。

這個活教材，的確讓先生知道厲害，從此，乖乖按時服藥。

體質不同，標準不同，像我，早上起來如有異狀，先生爲我量血壓一定介於一三〇至一三八，這在別人是很標準的高血壓指數，在我就有不適的高血壓症狀，因爲我的常壓都在一二〇以下。

親朋好友的眞實經歷讓我聯想到，我以前可以略略喝酒助興，後來發現，稍稍喝些，就喘氣，我問醫生可能原因，他說「酒精過敏」，但以前並沒有呀?醫生說：「人的體質會變的，也有嚴重過敏的人，怎麼治療都好不了，可是某一天一個不知名的原因，就突然把所有症狀都消除了。」

要提醒大家，吃了一輩子的藥，不表示一輩子都適合，慣用的慢性藥如果失去效用，診斷診治，都必須重新開始。

健康真是最大財富

朋友親戚，爬高裝燈，摔下來時剛好跨落在樓梯架上，男性器官受到嚴重的傷害，歷經三四次手術仍難以救回障礙，身苦心苦家人苦。長輩姐姐，過年打掃天花板落塵，結果從凳子上跌落，傷了腰椎，健康隨之每況愈下。

家中無少年，會離開地面的家務，尤其不要為了省錢而捨不得請專業代理，專業人員有一定的安全維護與技巧，委託他們絕對值得。請密切注意，最貴的是醫療費、病床與失去健康。

我家手足四人，大哥七十六歲，大姊七十五歲，二姊七十四歲，我七十一歲，因為唯有我是差距三歲，不在一年一個產品的規律範圍，所以從小就說我是「茅房」抱來的，以前很多爸媽都愛講這種笑話，當時聽了會哭，現在想起來，真的覺得很好笑。

雖然爸媽離世較早，但是感謝命運，我們家人一個都沒有變少，而且孝順的哥哥姊姊們迄今都無大病無大痛，家庭美滿。

現代人，不是特別高壽，就是特別夭壽。

高壽，存在基因，也存在稍稍節制又不嚴厲節制的生活態度，一不作繭自縛，二不庸人自擾，三不坐困愁城：反正世界不會因我而改變，我的世界卻能因爲自己而轉變，這樣想，也許可以少一點亂操心。

夭壽，主要是生活意外太多，自私街道，公共危險，天災無情，疾病叢生，醫學科技不斷創造高齡化的同時，也還是有所受制，經常不能阻止其他生命的早殞。

我們要打破很多的自以爲是，因爲昨是今非，昨非今是，都不是爲推翻而推翻，而是在所有演進的過程裡，試圖把矛盾和對立，重新組裝配對爲新的和諧關係。

年輕時，可用健康體魄追求成就，到了適齡，要開始用既有成就照顧健康，**於是身體好還是事業強，哪樣比較重要？順序清楚明白：任何**

誰都希望
從一而終，
但是也得饒過自己

階段，健康都是一個大咖，一個重要角色。

我們對健康必須懷以恭敬，因爲伴君如伴虎就是我們之間的依存關係，只要稍稍絆倒健康，他就能沒收一切，甚至下令格殺。

在健康面前，我們要乖乖臣服他給的標準，避免挑戰他的律令，健康不會寬容我們的莽撞，一旦有了衝突，健康拂袖而去的狠心，是我們匍匐低頭散盡錢財也無可挽回的。

失業，也別失去光陰

薪水太低，寧可待業？

我的人生沒有這樣對待自己的經驗，如果情況來襲，我相信我一定會傾力避免讓自己閒等。

在固定薪水生涯裡，我沒有談過「希望待遇」；你怎麼給，我怎麼受，因爲我設定的報償，以從中學習到什麼爲第一優先。

沒有學習就沒有條件，沒有條件就沒有價值，每個行業，都有入行者的必經學徒過程，職場未給足的差價，如果換算這是學費，那麼面對待遇的高低，只會讓人興致勃勃更有信心：學得一身功夫，自然來日方長。

有一種說法，如果你起薪太低，那麼你將終身流連在這樣的薪水等級中，所以萬萬不可屈就。

有少數職業屬於機械式穩定狀態，既不需要異想天開，也不需要別出心裁，始終循規蹈矩無所變化的結果，就是自然形成可有可無，當然容易被取代，容易被淘汰。

我講一個最簡單的例子，近日我詢問鄰居介紹家庭清潔人員。

鄰居告訴我一般清潔行情是一小時四百元，每一次至少四小時，但是她請到的清潔阿姨一見面就直言：「我比較貴，一小時五百元，一次至少四小時，因爲工作排的很滿，必需一星期以前預約。」

一個清潔工，表達俐落，自信滿滿。

果然，鄰居說：「同樣打掃，一次多花四百元，值得。她動作快卻細膩，對廚房油煙、窗戶軌道的處理，很專業。而且確確實實做足二百四十分鐘，絲毫不打混。」

有一個搬家公司的師傅，我大概每年都會請他來家裡「室內平移」重置大型家具擺設，後來彼此習慣到完全不講價錢，他就直接上工。

他失業後，繫著護腰做搬運工，我也是在搬家過程裡看到他的負責細心，從此成爲「御師傅」，我們家族間的東挪西移都仰賴他，他工作時，很有耐心，說：「這樣平面移動業務比扛運家具節省體力，也足夠養家活口。」

一個擅長工務的男子暫時困頓，我說：「陽台天花板有些剝落，幫忙補補土、刷刷漆好嗎？不必報價，盡快就好。」

通常，需要維修專業工的時候，要嘛，得透過領班，要嘛，就三催四請師傅給時間，他，快速排班，就提著我要的漆色來了，半天工，刷得漂漂亮亮，我心甘情願給他高於市場的工資，認爲他降低我候工的等待焦慮，連這一部分也該是有價的服務。

別浪費一身優秀

現在年輕人在自己的專業領域裡，確實有低薪之苦，但是面對中年失業都願意雙手撐生活的叔叔嬸嬸，不覺得自己的強健體魄，只消磨在抱怨、自憐、不屑之中，是不是太浪費正值年輕呢？

我說，工作一定要有的，哪怕是低薪工作也得嘗試看看，停下來，就什麼都沒有了。

我有很多優秀朋友，遇到一次踉蹌後，雖然拿出的經歷，戰績輝煌，成就可考，可是對後續所有機會，都堅持高薪高位，結果事與願違，這一耽誤，就歲月匆匆，時不我與了。

一個擁有優秀經歷的待業者，通常都是守著被動的機會，以維持行情，等到熬不住時，履歷一出手，欄目空白的時間累積太長，很容易澆熄他人聘用的安全感。

我們對自己的身價不要妄自菲薄，但是也不要狂妄自大，這個世界不等人，先不缺席，先上擂台，才有機會施展拳腳。

低薪工作也是學習與磨練，至少，我們用自己賺的錢吃自己買得起的飯，可以不讓自尊心枯萎。

跟爸媽要錢，跟朋友借錢，只會產生更多的喪志，不會有振作的推力。所以，莫等閒莫等閒，藉著最薄的鈔票保溫，才能抱持觀望翻轉的機會。

如果重返三十歲

雖然不怕年華老去，但是也會偶有肖想，如果青春重來一回，七十歲的我，將會怎麼過三十歲？

我希望仍能保有生命裡所有的經歷，不管是苦是樂，是悲是喜，讓他們依然發生，所有遭遇過的，我不躲避，所有未曾遇到的，我希望能夠迎上前去。

我並不想多得什麼，也無大志要超越現有的人生，但我想要把自己的不足補足，用我既有的生活經驗，告誡自己我究竟錯過了什麼。

在我三十歲該裝備卻未裝備的條件有哪些？如果現在你剛好在三十歲上下，我誠實告訴你屬於我的欠缺，你也趁機想想，是不是該提早健全自己？

如果重返三十歲，我會學好英文或國際語言

我不到三十歲，赴美跑新聞，從台北出發，隻身到了舊金山、紐約、洛杉磯、夏威夷，再安然返回台北。

我的英文不好，也不知哪來的膽子敢這樣奔赴，想來，初生之犢最厲害的就眞的是天不怕地不怕。

回台灣班機上，我旁坐是一名要到日本教書的美籍婦人，一路上，我們不但英語交談，而且還談到兩岸話題。

我的空中小姐朋友張紀寧不相信我的能耐，不斷的端飲料食物來招呼我，最後她承認這樣的殷勤，是爲了搞清楚我到底在跟人家聊什麼國家大事。

一九九五年超視在台灣開播，那時的主其事者爲綽號捲毛的香港演員陳建勳。

我去舊金山時，超視高階施南生託林青霞安排與我見面，施南生是

極讓人一見傾心的魅力女王，她邀我去超視擔任新聞部經理。

我狂喜一夜。天明清醒。

次日，我回絕婉拒了施南生。

我不想詐騙自己的虛有其表，更不能詐騙別人的誠懇厚愛。我確定自己能力不足，因爲我的英文不能應對這個專業的職位。

施南生對我的誠實當然嘉許不已，也提出可以發配多名最優秀的英文祕書給我。

「如果我要依賴祕書的翻譯作決策，我就只是一個橡皮圖章，怕對自己都無法負責。」我還是謝謝施南生美意。

我自省外文能力不堪重任，是非常負責的認知態度，但是，我在求學之路上的覺醒卻不夠，我非但沒有因此加強英文的進修，往後，也讓自己英文退步歸零，直到錯失很多可遇不可求的良機後，我才懂得說不好英文，連看電影看書籍，都跟領悟精髓有距離。

你，英文學好沒？第二大語系西班牙文又如何？

我懊惱自己英文不好長達四十年，老了才敢說出自己不上進的羞愧。

你，千萬不要像我犯這樣的錯，**不好好學語文，眞的會緊縮自己和世界接軌的千百門路。**

如果重返三十歲，我要挪開自己設下的路障

滾石唱片公司簽約李宗盛、羅大佑、周華健、張震嶽「縱貫線世界巡演」。

當時我在一家國際娛樂公司擔任執行長。滾石老闆三毛跟我說：「這是我給妳的退休禮物，妳的公司可以獨家掛名協辦。」

聽到這個重禮，我簡直要落淚。

從此，開始兩個月的行政流程。

這個千載難逢的大演唱會，帶給我的夢很簡單，就是我能跟隨「縱貫線」全世界跑碼頭。作爲新聞界的一分子，作爲我和唱片行業的深情相許，能透過「縱貫線」的參與，作爲我娛樂業的晚安曲，我可以很安心自己在相關行業的有始有終。

然而，五十二場演唱會，四十三億總票房，終究沒能躬逢其盛，身居其中。

這中間的繁複，難道跟我在職場命運一樣？我是戰將，不是王侯，有些貓膩的存在，讓我想不通，看不懂，一樁有利企業的世界演唱會，爲什麼處處撞牆？我眞的無從理解。

最終，我失望的不想問爲什麼，就掛冠求去。

我剛退出國際公司時，電視界有兩位大哥級製作人找我，一是王鈞，一是伍宗德。他們都要我繼續爭取跟滾石合作此案，並備妥現金隨時開案。

我說：我才離開公司，就把案子轉給你們，會不會有失江湖道義？

王鈞說：妳腦袋壞了，這個案子是妳帶進公司，不是公司交託給妳，妳帶槍投靠懂得的人，是天經地義。

當時，我真的腦筋短路，一直猶豫不決，最後，落空收場。

我在怕什麼呢？

這巨大的失望，讓我一欠三毛人情，二對自己懷疑？

就算夢想躲在火海後面，也要有膽識衝過去，但是，我鄉愿，我軟弱，我踩了煞車，轉了方向盤，讓職場生涯中可能是我最精彩的風雲巔峰，無疾而終。

我努力工作數十年，卻輕易拋棄職場資源的正當收成，這不止是愚昧，也是我最大的遺憾。

如果重返三十歲，我會勇敢嘗試，盡情轉換舞台

獵人頭公司也好，正規公職也罷，有一個評鑑指標叫「資歷完整」。

什麼叫資歷完整？就是一個人在專業領域的上承下襲是否豐富，或是一個人在相關職業別裡的涉獵經驗有無驚豔之處？

在很多場合裡，我很害臊，甚至自卑，因爲伸手一指，誰想大力介紹我一下，也實在欠缺可以襯出雄壯威武的背景，我甚至連換換公司換換老闆的紀錄都很少。

我，學歷不高，資歷淺薄，好像加上名字也到不了十個字，就能把我述說完畢。

我的同儕，多數需要一張A4全頁，才夠逐列枚舉學歷資歷經歷。我，眞的很羨慕，也眞的很需要低下頭來，反省自己爲何如此荒廢學習。

我寫過歌詞，到網上查閱，大概可以列出六、七十首。

我寫過小說，年輕時和夏美華、溫小平，同時是「小說創作」「藍帶」的長期「作者」，結果夏美華轉身成爲最高價碼的金鐘獎編劇，溫小平迄今則已出版一百零九本個人著作。

我寫過劇本，早期跟著吳桓導演寫單元劇，退休後在民視電視台寫過連續劇。

我做過廣播，謝謝張大春還特別在他的電台節目裡重提往事。

我做過的事零零散散，總是圍著文字轉圈圈，一看就是爲興趣而爲，只是隨興臨摹，臨時墊檔，當然沒有記錄，沒有慣性，也談不上舞台與跑道。

就是這樣的得過且過，讓我永遠停格在「不足」的卡縫裡。

身在職場，「喜歡」很重要，「從事」更要認眞，接觸多元職場文化、放寬人脈結盟，勇敢跳槽、精選企業，就是重大的開發自己。

你，三十歲，已臨重大選擇？也等著下一波段的挑戰？

偏愛的事，永遠都會有很多類似的機會出現，但是最天地人和的大彩蛋，可能一等就幾十年，機會尙未現蹤時，不要蹉跎，力學習藝，機會翩然而來時，不要錯過，勇敢奔赴。

有機會的時候，智慧未開。

有智慧的時候，機會不來。

三十至七十，不歷經四十，就不會知道曾經錯過了什麼，錯過的不是沒有機會再來，但是如果自己性格上的瑕疵並沒有獲得修正，一次和兩次的結果不會不同。

如果青春重來，我想要的不是多貪美好，而是必須揭發自己錯過的美好。

我在第二個三十歲的時侯，才確定自己某些弱勢形成的理由，現在，誠懇的寫給三十歲的你們。

祝你看好自己，做一個眞正爲夢想而有所裝備的有志者。

輯三

親愛的你

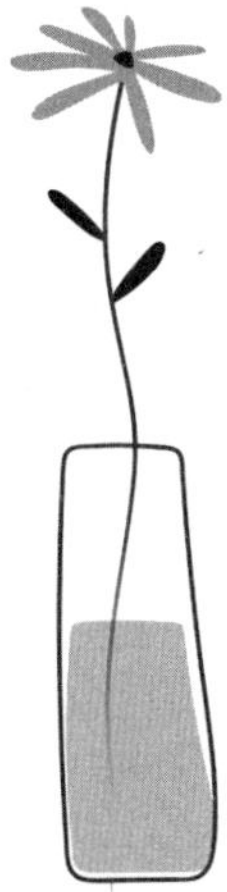

可以重新愛人的那天

麻將不要拖上訴，牌到海裡不撈回。
愛情不要延長賽，換個對手開新局。

你的他愛上別人，只要禮貌的難過三十天或百日就好了；因爲難過時間太短，可能會懷疑自己對這份感情虛情假意，但是悔恨時間太長，又好像選手賴皮一直磨蹭重新計分。

望著背影祝福，對人要大氣。
看著鏡子自渡，對己要疼惜。
一生不戀愛，是有點可惜的錯過。
一生不失戀，是沒有可能的高估。

誰都希望
從一而終，
但是也得饒過自己

留下值得的愛，告別不值得的人

我認識一個新朋友，顧店顧客，很受大家喜歡。她溫婉得體，年輕漂亮，很難置信已有兩個上大學的兒子，交談多了，友誼發芽了，有一天我多嘴問了一句：「妳先生都不來幫妳顧店？」

我離婚了。她小小小聲說。

喔！恭喜！我小小聲回她。

離婚在現代，已經不一定是悲劇，當然也很少是渴望的喜劇，但至少，離與被離，都該是脫離一個身心不舒適不留戀的環境，那麼，不管你是笑的人，還是哭的人，無妨選擇相信，能夠下車下船，都是值得恭喜的事。

情感關係裡，最強烈且後遺症最嚴重的傷害，就是婚姻裡的外遇與戀愛裡的劈腿，因爲，這類型事件，會讓受害人產生最大的想像力、創作力，從自編的幻聽幻視裡發展出自己沒有辦法覆蓋克服的畫面。

入侵者跟伴侶的浪漫橋段，無疑就是受害者的驚悚黑獄。

愛情是神燈裡的巨人，他可以助你，也可以毀你。

有人相信愛情，有人相信愛人。

但如果愛和人沒有合爲一體，你就要懂得「愛人是來自於愛情捏造的作品」，斷然不是「愛情是來自於愛人捏造的作品」，在主從關係中，愛是優於其他順序的，從愛出發的關係，容易優化。

在愛情面前，每一個人都是愛情的創造者、主導者，你一定是從自己的眼光與鑑賞，鑑定眼前這個愛人有沒有符合愛情作品的元素？符合，才是你能愛向深處的動機。

如果你認爲的愛人，開始出現扭曲形象，那是因爲這個愛情作品已經斑駁破舊了。

從你心思裡孕生的愛情作品必然嘔心瀝血，當然難以輕言放棄，只要可以修復，誰都不願意輕率淘汰，但是不能修復的，幹什麼要難分難捨自討苦吃？

愛情是來自個體內在情感的創造，遇到瓶頸卡關，得給自己喘息時

誰都希望
從一而終，
但是也得饒過自己

間，從容留下能量，等到下一次靈感媒材機會因緣俱足，再重新投入。

值得留的，是愛，不是愛人，因爲沒有愛的伴侶，不足以成爲愛人，所有的執迷不悟都是自欺自憐。

被低估的續命能力

家庭，是愛情作品的店面，經營得好，才有未來性。

財富，是愛情作品的利潤，樂於共享，就會重疊彼此更多的交集。

幸福，是愛情作品的持股，合則大，分則弱，任何介入，都會造成結構崩塌。

愛情作品的登峰造極，在於不管世間何其垂涎，他依然奇貨可居，絕不易主。

家庭重要嗎？一天只要擁有兩個小時和家人同餐的歡樂時光，相信你的生活就會讓很多人羨慕。

財富重要嗎？富可敵國固然可以威震天下，但是美滿小康，是不是來的更踏實持久？

幸福重要嗎？雖然每個人的定義不同，但在任何標準高低的評價裡，只要過日子的感覺良好，就不會製造怨天尤人的嘴臉。

要維持一個家，要穩定一座生活的城堡，愛人不是唯一的搭檔。因此，愛人愛上別人，由他去，所有迎面而來的挫敗恐慌、難堪失落，不必怕，這都是合理的存在，但是，這些忐忑的存在，就是「存一下就不在了」，絕對不允在心中紮營。

失戀低潮只是短暫的當舖抵押，你緩口氣就該順利贖回元神，怎麼樣都要盡可能早早出清混亂干擾，尤其要記住：**不必用「別人不愛我了」來提醒自己，要改用「我終於有權利重新愛人」來鼓舞自己。**

情傷者的續命能力，真的比自己以為的高出很多，但是一般人很習慣躲在膠囊裡。

因爲，破繭而出太費力氣了。

因爲，有一種頹廢叫做我太沒有吸引力了。

因爲，人們忘記我愛你早就比你愛我更有自主價值。

因爲，不花時間照顧配合別人，會悵然發現無聊時間眞的太多。

失愛或失婚的人，如果太弱，就會誤會與責備自己：不再被愛，我是貼了標籤的瑕疵品。

二手店二手貨也有精品寶貝，不要誤會倍受珍愛只能寄身在一種格式做一種展示，物非如此，人更自由。

愛情是一盆難養的盆栽，值不值錢，不一定是靠天生天養，有時，是人工炒作，輸贏，有命有運，別纏鬥。

有沒有一種可能？你還眞沒在意他愛上誰，而是有些氣惱的覺得，除了我，居然還有別人會愛上他？也好，你就保持這個有點歧視不屑的高姿態念頭，反正讓自己好過的理由隨便編，但是別忘記，最大的勝利在於自己確實復原很快。

愛著愛著就老了

少年愛在直來直往。
中年愛在値來値往。
老年愛在質來質往。

來往在愛情裡的紅男綠女，有必要善惡分明，就算勉力配合和諧，也不接受無止盡的妥協。

世代太潮，激情時刻，大概是愛情唯眞唯善唯美的極致短程之旅。之後，大家都從不正常奔回正常，再從正常，奔赴不正常。

妳想從一而終，未必有人看得起妳的守身如玉。

妳以爲婚姻就該天長地久，結果只是和狂蜂浪蝶纏鬥一世。

誰都希望
從一而終，
但是也得饒過自己

妳相信革命情感可以留住肝膽相照，沒想到這也會怒犯天條，引來絕情一劍。

妳有的美德，他們合法榨取，而一旦要折磨起妳的善良，居然無人心軟。

一生若能愛三回，不算混亂，因爲只要彼此夠睿智，三段情不需要透過三個對象完成，妳懂得進階開路，他也擅於變身轉型，兩個人從青梅竹馬一起走到海枯石爛，兩個人從胼手胝足到同享桃李春風，誰說這是不可能的？

我們受惠愛情，但是我們可曾回報愛情？

從愛情的本心初心到愛情的本質特質，我們偶爾可以檢查自己配不配擁有愛情，願不願意提升愛情？

在不同年齡，有時，是愛情照顧我們，有時，是我們必須回頭照顧愛情。

愛著愛著就瘋了

少年的愛，是非常率眞的直來直往。

愛就是愛，沒有可以說明的詞彙，沒有可以解釋的形容，沒有那麼多需要提出證據的感覺，一個在愛中徜徉的人，不自主的把飛騰情感全都晾在臉上。

大家都說青春荷爾蒙控制戀愛的所有局面，我說是前世今生決定了此時此刻，但不管從何而來，愛情從興旺到消退，都是必然。

愛到不顧一切，這就是少年之愛。

他們聽不懂「門當戶對」「利害權衡」「愛有條件」……。

很多父母在愛情面前無力使舵，爲了保護子女，用了最文明的拆散手法，把孩子送到國外念書、舉家遷居地球的另一端、端出條件取勝的新對象、用經濟後援左右狀況……。

距離，違背了愛就是渴望相守的需要，久了，不是反撲求見，就是換得稀釋愛情濃度的結果。

沒有懷疑，絕不動搖，就是愛他，就是要他！如果妳體會過這樣強烈的堅定，恭喜妳，這是生命裡最好的體會之一。

絕美之初不是完美如恆的保證，妳的猛烈感應並不只是因爲受到巨大的吸引，而是妳同時急於享受巨大的付出。

文學戲劇音樂，從來沒有停止對偉大愛情的傳頌，兩個人的情情愛愛，在世界名著中，即使只寫單純的生老病死，還是可以成就令人感動的情愛關係。

你有什麼夢想，我有什麼理想；你認爲人生成敗的模樣？我規劃人生富貴的方向……，我們沒有言不及義，我們都握著對方的手，相信有你有我，世界就隨心隨意。

愛著愛著就醒了

你們這樣愛了很久，忽然就中年了。

生活讓你們認識了自己，也重新認識了對方，這一次的忽然醒來，可能讓你推翻了自己，甚至不自覺的也推翻了對方。

還在一起嗎？

還是已經成了陌路？

一個人的成長趕不上另一個人的突飛猛進。

一個人的成就等不及另一個人的持續落後。

婚姻關係裡，最容易勞燕分飛的，就在中年。

中年到了，多少人不得已被迫換了伴侶；多少人也繼續掙扎且戰且走；還有人正開始把空白的青春換上巨幅的紀實海報，準備好好愛一場。

中年的愛情，最現實，因爲這時的你，已經明白自己到底有多少的

不足？也確定自己是否有足夠的強大。

走過前半場人生的眞實，你該體會每一階段的眞理都有如實的道理。高攀嫌累，低就不甘，當你的世界需要一個牽手伴侶來充實時，你會先惦惦自己的分量，再來估算對方的重量。

陪襯互托旗鼓相當，平分秋色相得益彰，有了遭遇，有了經驗，也就有了理解，中年的愛順理成章走向「値來値往」。

你條件不必比我豐富，我身家不會比你羞澀，這個歲數在一起，咱們還有共同奮鬥的未來，就算彼此沒有明說，內心也有一個盤算：要平起平坐，要同心協力，**如果有你有我的共享並不能優於當前當下的獨享，那還是各自紮營吧，因爲孤單的沉靜比不適的相處，容易，也舒服一點。**

愛著愛著就懂了

老年的愛，質來質往高過一切。

看多了悲歡離合，知道了死亡確實存在，明白了走過的光陰已帶走零碎的生命，再多的富貴榮華此時也只能吃的清清淡淡……孀婦鰥夫，尚未戒癮，就已無貪戀貪求。

如果有人還要我，如果有人還是我想要，我們這時剩下的力氣，都只能歸順內心的風調雨順，也只在乎心裡有愛，眼裡有你的質來質往。

你別虐我心，我會顧你身，哪怕成了輪椅隊友，都是最有心靈品質的陪伴。

我周邊這樣的故事很多，他們相識多年，甚至有過情愛關係，但是良緣未能成眞，走過數十年後的從前，再次相見，有的成了未亡人、下堂妻，有的成了鰥夫、光棍，他們沒有選擇獨居，是獨居選擇了他們。

誰都希望
從一而終，
但是也得饒過自己

誰都希望從一而終

如果他移情別戀了，那麼，他就只是「移」「情」「別」「戀」而已；萬一不幸遭遇到，就當自己珍藏的寶貝碰碎了，可以談賠償，也可以放他一馬，就是不要用「這是背叛」來審判別人與折磨自己。

一扯上背叛二字，先是會出現心有千千結的恨意綿綿，再來就是氾濫千刀萬里追的復仇心態，這並不是電視劇裡才有的劇情，這是人性當中的情感本能。

用制裁方式討伐別人的犯錯或傷害，不可能恢復自己毫髮不傷。遠離火場，真的只能自己調養，真的只能選擇忘了吧！

相愛，不需要理由，所有感覺的真實性，其實都是當事人的「以為」「認為」；那樣的人間美好，不是對方當真完美，而是你覺得也意外對方怎麼會這麼完美。

不愛，有千千萬萬個原因，永遠不要問對方爲何變心；因爲當他需要做解釋的時候，他會被自己良心逼迫，說出一些沒有良心的脫罪之詞，那些「編造」「胡謅」，加倍傷人。

分手，只是關係的切割，一個向左轉，一個向右轉，就算地球是圓的，盡量不再相遇，就算朋友圈還會重疊，彼此也要巧妙迴避尷尬。

如果你知道愛的結局會如此傷心不堪，你就不再動心動情嗎？不會的。就像第一次做母親時會被生產的疼痛驚嚇，但不久之後，她還是興高采烈有了第二個孩子。

不同類型的感情，可以大量釋放不朽的價值感，這個天雷地火往往轟然短暫，但是只要這個觸動存在過，不管是天打雷劈傷了你，還是稍縱卽逝的奇景永銘在心，相信我，極痛，極樂，都是極致的好，你會明白情感是無法製造的人工產品，卽使有朝一日ＡＩ情人可以客製化量產，也不可能滿足肉心肉身的渴望。

並不是很多人都應了宗教難以置信的祝福——「直到死亡把你們分開」才失去對方。

當不再心心相印時，你就要有勇氣覺醒：站在面前的愛人，就只是一個曾經認識的人而已，只是最初的陌生，充滿神祕吸引力，而眼前的陌生，則可能只剩步步爲營的危機意識。

轉念，是所有轉變最具立即性效應的方式。

有一部電影，一拍再拍。

一個小女孩有天賦力量，當她憤怒的時候，她會自燃火焰，父母擔心這樣的天賦異稟會被國家納編爲實驗對象，努力教導孩子如何控制情緒，避免讓外界發現她的異能。

當她對不喜歡的狀態凝聚專注時，爸爸說：看牆上的畫，她會接著說這是一隻兔子；爸爸說：這朵花漂亮嗎？她就接著說我喜歡這個顏色；爸爸問：這個世界最愛妳的是誰？她笑著回答：爸爸媽媽……，然後，她的不安就平靜下來。

從「被」選擇到自己選

我們，每個人，是不是也都在憤怒的時候，具備燃燒一切的力量？也許憤怒之火和腎上腺素讓我們誤會自己已威力十足，就算不能把愛搶回來，也有能耐讓對方翻船溺斃。

但你從幾十年的閱歷，去看看別人的故事，贏和輸，勝和敗，有幾對不是慘不忍睹的焦土政策收場？

再從另一個角度去評估，可以起死回生重新欣欣向榮的情傷者，究竟是被新的愛情救活？還是他有不消耗能量的個性，在持之以恆鞏固精進自己的吸引力？

在人的世界，如果女人男人想一起過日子，那實話實說，女人通常過得比男人辛苦。

男人的辛苦，就那麼三兩樁，都是體力活，很容易看得清楚明白，也很容易抖落消散。

女人的辛苦，多半是一種糾葛，糾葛是自己找的嗎？不是，是天生賦予的，而且生來就被要求，要細心、要細緻，要在細節中擅長細膩，於是「這邊要顧好」「那邊要顧到」，常常一心多用還不敷使用。

我有三個年輕貌美女朋友，各自從婚姻裡打包一個兒子後成了單親媽媽。她們從來不憎恨婚姻，也從含辛茹苦回到悠然自在，現在，兒子們都自立了，她們還是一臉青春猶在的美麗；身材沒變，臉龐含笑，生活知識夠用，消遣娛樂自理，從挫折裡篩選足夠的自律，懂得手裡握著一點積蓄就是最大的自由，不必神經緊張的過日子，對幸福沒有期待與等待，也沒有懷疑或鄙夷。

像她們這樣的極品女子，並不信仰「不婚不生，快樂一生」，因爲她們眞的體會過有得有喜，有失有悲，她們當然不會希望讓過去重來一回，她們也還在相信柳暗花明，願意在適合的時間與適合的對象，換個方式再來一次。

女性年輕時，很能配合婚姻，也時時願爲愛情低頭委身，那是生命中最珍貴的一段單純，但是身邊有一個管不住自己的男人，有意無意就把婚姻攪出一攤渾水。

有能力從泥漿裡浮出水面的女子，雖然可能因爲還要攜家帶眷看似麻煩，事實上，她們已徹底從被選擇的角色，掌握選擇權的自信實力。

她養大了孩子，養活了自己，坐四望五的黃金年歲，一眼就能看透男人的居心不良還是誠懇無虛，那想玩假鳳虛凰的，那想演遊龍戲鳳的，她不奉陪也不奉承，因爲她再也回不到十七八歲的傻里傻氣，而這樣的聰明若再度動心動情，已經是璞玉升等翡翠。

面對失敗的婚姻與錯誤的愛情，不管是騙了身還是騙了心，沒有關係，她依然可以稱得上玉潔冰清。

誰不希望從一而終？但是也得先饒過自己呀！弱女子爲什麼不能有強勢霸氣的自我意識？我們又不是阿飄，做人怎麼會不摔跤？

女人們，放心，我們斷然不會因爲讀懂浮士德或曾經徘徊在地獄，就被標籤爲魔鬼。

誰都希望從一而終，但是也得饒過自己

我對小三有三不

談小三是非常危險的題目。
在倫理道德上，大家都逢「三」必鍘，毫不留情的口誅筆伐。
在人性是非上，現今也的確「三」害滿天下。
但是壞名眞的該由她獨背嗎？她是發動者？還是被動者？
大凡女性，十之八九都會聽到風聲鶴唳，都會察覺蛛絲馬跡，但是，懷疑，是不可成立罪名的，除非已經郎心如鐵，狼性已顯，否則女性很少能抓到眞憑實據。
如果抓到，妳別得意，那也可能是圈套之一，他讓妳看到的目的，無非是爲了他自己已經想順勢退場。
不理會，不接觸，不怪罪，這是我對小三的三不態度。附帶的是既不原諒也不責備。

到底是外面女人太壞壞？還是家裡男人太歪歪？

受到小三委屈的女性看到我的論點，大概腦門充血，按不住憤怒，會劈頭罵我鄉愿虛僞，助長妖風。

冷靜點，聽我說，我敢向妳們擺明立場，是因爲我也有一樣的背景：我跟妳們是站在同一邊的，而且我還是從一群小三迷魂陣裡逃出來的。我這個倖存者，承受的打擊面跟海一樣寬，但，我反思再反思，小三們眞的是受害女性的敵人與施虐者嗎？

借來的劊子手

小三，是借來的劊子手？

饒不得小三是社會共識，但是眞正吃到苦頭的人應該明白，我們只要謝謝別人的聲援就好了，不要當眞勢不兩立，因爲過日子的仍將是自己，一肚子惱恨，其實只會繼續滅絕我們的身心。

醫學研究，脖子以上的病變，都跟情緒有極大關係，妳悲傷，妳憤怒，妳憎恨，妳詛咒……，這些惹出來的麻煩，才會造成更可怕的悔不當初。頸部以下的病變，大概就跟生活飲食作息有較大的因果關係。

爲愛情婚姻傷心欲絕很多餘，因爲，爲一個好的關係牽腸掛肚值得，爲一個糜爛的東西愁腸寸斷是自戕。

但是從對的觀念走到對的行爲，需要很大的認知。

宣誓的是愛人，蓋章的是愛人，同床共枕的是愛人，是愛人在衆目睽睽下公證了彼此的承諾，所以，許諾到毀諾的人，才是冤頭債主，我認這個命，不讓三小姐爲我的不幸買單，因爲三小姐只是一個借來的劊子手，她還要和很多其他的三小姐打擂台呢。

我絕不自慚形穢，也絕不自貶尊嚴，但是，我從開始就知道，如果用任何事件來包裝，不管我們願意接受或相信的原因是什麼，最精闢的實情依然只是「一個不愛妳的人，才會撒野找上另一個人。」

在形式上、名義上、法律上，屬於妳的人，如果已把情感上、身體上的實用權分享給別人，**妳雖然很痛，但是不要過度陷入被迫害妄想症，他們只是因此而傷了妳，斷然不是爲了傷妳而如此。**

沉溺在被迫害妄想症裡，會讓妳受到更大的迫害，妳要早點清醒，知道嗎？**離婚跟急救一樣，都有所謂的黃金時間，錯過了，欺騙妳的人就可以好整以暇的認眞欺負妳了。**

不服輸就反擊

我所認識敗中求勝，傷中求活的女子，多半不戀戰，更不把時間花在沒必要的求證，或是跟三小姐叫陣上，她直接跟禍根主控者攤牌、出招、協議、談判。

被三小姐搧過顏面的人，仔細回想，是三小姐在控制局面？還是那個繼續跟妳說仁義道德的僞君子隻手遮天？

其實說他僞君子也是不必要的，他就是單純的不愛舊任而已，既然不愛了，忠心忠誠忠厚就他而言，是可以甩到天邊也不心虛的。

在很多很多時候，一個好的女性，因爲進步因爲成就而受到矚目時，就會突然跳出雜音，指她以前是誰的第三者，議她破壞別人的婚姻，以氾道德的控訴，把她推回二三十年前的時空裡……。

判無期徒刑的旁觀圍觀者一向以女性居多，女性對女性的殺伐尤其犀利。

男性，怎麼就沒事了？難道，在外遇關係上，女人本身就是重男輕女的偏執狂？

不管是加害還是受害，女性跟女性之間總是相互歇斯底里，男性落得清閒自在，只要帶著太太出場，在鏡頭前鞠個躬，說「太太知情原諒我了」，就劇終。

搏版面的道歉會是劇終？這些都是過場戲罷了，去查查舊紀錄，之後眞的相安無事又能共同過日子的究竟有幾對？

只要「發現」，就註定「結束」，這是情感的共通潔癖，還會陷在拉拉扯扯狀況中的，通常已不是情牽難離，而是諸多現實條件，困在羈

絆拉鋸的角力戰中。

這個世界，人家搶妳生意，人家搶妳地盤，人家搶妳風頭，人家搶妳工作，妳不服輸就反擊，從來不會到處哭訴喊冤，爲什麼人家搶了妳的痞子爺，妳就覺得天塌了？

沒有伺機而動的心，就不會有趁虛而入的人。

我眞的很難責備是某一個女人造成我的失婚，我也很心疼其他因小三介入才造成離恨的失婚女性，可是，**如果女性始終蓄意忽略事發源頭，就可能永遠認不清婚姻中性別的劣勢，以致太平盛世不懂防備，天崩地裂時不懂逃脫。**

別恨、別怨、別再想

很少有男性在「等」一個女性從別的婚姻轉身投入自己的懷抱，因爲女性對婚姻的忠誠度較高，對感情的迷戀度較高，這個本質本性，是已婚女性盡一切可能留住婚姻的本能。

女性常常在「等」一個男性從既有的婚姻走出來給她憐愛，然後，也常常有另一個女性，剛好也在「等」忘了從溫柔鄉回家的他。

男人是雙刃劍，只要出鞘，至少傷得兩人。

在情感裡，女人的禍水之災多不過男人的禍害植栽，但是女性一股腦的檢討同性，又總是同性操戈，這結果，就是鼓勵男性有免責權。

不被愛、被分離，真的無損女性在婚姻裡、在人格上的個人價值，所以不必拿另一個女性作爲自己輸了一盤棋的理由。

我們不必恨小三，也大可不必怨命運，甚至不必想太多旁枝末節來整理來龍去脈，「妳的配偶不愛妳了」是唯一的事實。

能不犯錯的瀟灑走，連失婚都是人生勳章之一，只要自信，大有機會前程似錦，如果已經重創如斷垣殘壁，只要彩筆勾勾，文字描描，傷痕也能升值爲時尚文物。

不要也不必那麼哀傷，女性的韌性從來不會怯場。

愛一個對象，很像全心投入熱愛的職場或政黨，登記了、財務支持了、死勁貢獻支援，就算沒有高喊領袖萬歲，人家也看懂妳的愛深情切，可是，他的正當理由愈來愈像荒唐耍猴，他的方向不斷摧毀妳的夢想，妳還要以「他都是交了壞朋友」來爲他脫罪嗎？

我沒有偏袒小三，我只是不喜歡天下女性都這麼心甘情願的爲男性肩挑五百斤。女性自己打群架，根本就是弱弱相欺，最傻，最沒意義，最不可能改變男性給我們的考驗。

寫完此文，到露台上賞花鬆解筋骨。因爲日前花苞未開卽落，我心有不甘，把它斷落短徑插入土壤，今日一看，花已綻放，直徑寬大如昔，當卽又拾一心得，分享之——

女人似花，男人如土，沃土糞土各有作用，花若離枝，仍有生機，縱然無土，水耕求活。

愛的自癒力

重口味的感情，詭譎多變，有時雷電交加，異象嚇人，有時倒也風雲捲浪，隨心想像。

淡口味的感情，綠草如茵，望之遼闊無隱，淡定神祕，稍事疏忽就蔓草混雜，喧賓奪主。

烈火情人和冰山美人，各有各的逆俗，也各有各的風險。愛情這要命的玩意兒，就是因此而讓人神魂顛倒，身在其中，你也搞不定自己。

人的個性，天生注定，縱有調整，也難全面。

情義人生，就是爲情爲義而世事多箍，也就是爲情爲義而人事多姿。

人生情義，該擺在幾等幾級？標準在你自己。

所有愛情指南，都只是娛樂項目，聽聽就好，如果偶爾靈光乍現，讓自己開竅解困，當然就是意外收穫，不妨時而複習提醒自己。

不要一心要個適合自己的人；也得多想想，自己是不是適合對方。適合這件事，只有一個關鍵，就是兩人都「彈性很好」。準備長久相伴的人，要攜手練功。

一要練軟骨功。可以輕輕鬆鬆就鑽進對方的磨功寶盒裡，解套時，又立刻筋骨復原，完好如初。

二要練脫逃術。在冥想挾持的銅牆鐵壁裡，即便手有銬腳有鍊，既不緊張也不慌張，來自四面八方的壓力，自有疾疾如律令可解，憋住氣，就能換得掌聲，滅了煙硝。

三要練單口相聲。單口相聲沒有宏願大志，只是善用說學逗唱的雕蟲小技把玩輕鬆，讓人捧腹大笑最好，如果只是莞爾會心也很不錯。

誰都希望
從一而終，
但是也得饒過自己

明天的自己會更好

人們常說，自己的快樂不是對方的責任，對方的快樂也不是我的責任。眞是如此？

如果橫豎都得靠自己？那幹嘛要兩人在一起啊？

相互無責的說法，只是「實在求而不得，只好退而求其次」的自找台階下；把自求多福視爲幸福的公定價，那乾脆算了，就自己一人過日子還舒坦些。

曾經那年，我們幾個女人們，加了兩個男人喝下午茶。

在座八個人，總結九次離異，現在的談笑風生，在發生的三十年前當下，哪個不是呼天搶地，欲死不能？不知是誰起的頭，反正大家都開始興奮的談起遭棄話題，一整個笑聲，都是當事人在戲謔笑話自己，眞的沒有人責備拆夥的搭檔。

這些眞人實事，在發生的那些年，都是報紙頭條，每一個也都在實境演出中哭得心碎掉滿地。

沒遇到合拍的人，同駛一輛車就是會吵架翻車；當然也有人遇到更厲害的，以爲對方只是悶不吭聲自行下車，後來才知道，他的行囊財庫早已打包掩藏，離奇的布局像編寫金銀島海盜童話。

我們曾經以爲是時間治癒了我們，其實，懂得「前任」之所以毀了我們一時，卻沒有遺害我們一生，是因爲我們陸續看多了人生故事，知道別人的苦可能比我的悲，傷口還要大得多，比較之下，誰也不想跟別人交換人生，於是概括承受帶來了寬心坦然，也成爲好好活下去的方式之一。

看遍世事，眞算是嚼食奏效偏方。

女人們，放一百個心吧！感情的傷本來就有自癒力的，只是，如果體質不夠好，就要多用念力，無論如何，縮短療程，提早痊癒，這是我們對自己應有的責任。

下一個戀人不一定更好，但下一程的妳絕對會更優。

愛情是用來開心，不是用來傷心的。

愛情是雙雙前奔願景，不是爲誰跑斷雙腿。

女人是容器，男人是流水，不能凍，不能沸，稍有縫隙，他就不動聲色的滴滴涓涓潛出，當有一天發現容器已出現水位下降警戒時，不必驚奇會同時發現沿路的野花已滋潤的有了規模，而且左鄰右舍舊雨新知閨密損友，無一不早早知情。

妳很生氣自己是黑白默片主角，其實別人看到、關心的，卻是另一個女人的滿園春色，劇情緊湊。

婚姻來去，一定要列入最不值得傷心的排行榜。就算沒來得及撈點家當打包細軟，只要能逃離案發現場，就是留得青山在。

放眼一望，到處都是摔出婚姻的純情人。千萬不要自我折磨，也大可不必同病相憐，要嘛，豁達的比賽復原，或者，短期閉關修行，總之，愈是懂得自我消遣，愈容易重啟人生。

婚姻一向不是插旗在海角樂園，而是共擁一座火煉丹爐，眼淚和歡笑的比例，是重要又不可控的成分，唯有靈活變通，才有機會成就自己的含金量。

剛剛離開婚姻的人，可能誤會是自己自尊強，有個性，不受辱，後來會明白道理只有一個，就是，**腦筋夠清楚的人，面對真相，懂得認輸，這才能避免無效糾纏，劈荊斬棘另闢生路。**

少輸就是贏，輸家可以估算輸的底線。

擇你所愛

年少不愁傷痕深
劇痛輕舐不藏情
而今髮霜付諸笑
一年四季皆是春

人不可能不會隨波逐流，只是認識自己看懂自己之後，知道身價的斤兩，知道靈魂的重量，開始選擇能自給自足的方圓百里。

婚姻不是必須，伴侶到是可期，若非遇到良人，寧可笑傲獨身。

獨身的精彩，貴在無人可搶，但是若想分享，不妨放眼望望，網羅慶功宴席上此起彼落的誇獎，在回家卸妝的鏡前，會不會忽地飄出一些淒涼？妳的獎盃、妳的升遷、妳的高薪、妳的榮譽……，在公布的瞬間之後，在離開現場的以外時間，還能持續對妳引以爲榮的會是誰？會有誰？

你說要結婚了，我說恭喜。

你說已離婚了，我說恭喜。

你說，只想同居，我說恭喜。

你說，必需分手，我說恭喜。

情感選擇出於自願與自由，都值得恭喜。

別讓人逼你就範，你也別對人威嚇利誘。

雞肋主義的將將就就，且戰且走的騎馬找馬，不忍釋手的藕斷絲連，這樣感情觀就算了吧！心房不淨空，眞正的好，是不可能有機會來拜訪的。

愛情婚姻二選一!?

愛情的常態該是長相廝守，但是愛情的實況常是翻臉成仇。

你的絕世容貌，你的富可敵國，你的傲人智慧，你的權傾天下，的確可以拿到愛情優待券，除了先來後到，也能插隊保送，但是從開始到結束，具悸動性的眞愛，並沒有人能預知結果與保持良率。

你很自信？以爲都是自己在選擇愛情？不是的，自古以來，都是愛情在選擇宿主。

談太鄰近的熟人，不好說；我們就選遠在好萊塢巨星的眞人實事來看看愛情命運吧！

布魯斯威利跟黛咪摩爾是好萊塢最具夫妻臉的美眷，結果這個擁有三個女兒的家庭，竟然因爲先生受不了太太過度投入電影事業而造成離異。

這眞是好萊塢實例當中最扯的離婚原因之一，可是，這會不會也是最不傷感情的勞燕分飛？所以直到現在，他們不但是朋友，而且布魯斯威利的失語症也是由黛咪摩爾代表對外宣佈。

有一部電影《史密斯任務》，只要有線電視重播，我就會坐下來看，眞的百看不膩，因爲那時的布萊德彼特和安潔莉娜裘莉，男帥女美到爆表程度，完全是愛情燃燒與意氣風發的極致魅力。

果然，他們結婚了，奈何，他們又離婚了，因爲小布先生嚴重酗酒造成情緒管理問題。

梅莉史翠普和珊卓布拉克各有一段類似遭遇。

梅莉曾有一個戀人，是演過《教父》的演員卡佐爾，但熱戀兩年後，卡佐爾癌症病逝。

梅莉之後認識哥哥的朋友唐甘莫，迄今七十多歲的梅莉擁有這個幸福婚姻已四十年。

珊卓在拿到奧斯卡金像獎事業最高峰的時候，發現丈夫出軌，在丈夫的直言不諱下快速完成離婚。

五年後，珊卓再遇到攝影師布萊恩，但這一段幸福只維持三年，就開始面臨布萊恩退化性不治之症，如今，珊卓又重回孤單一人。

有些人適合愛情與婚姻，但，有些人「只」適合愛情，有些人「只」適合婚姻。

每個人都可以選喜歡的、在乎的關係模式，就是不要選擇爲年齡而婚，爲時尚而單身。

結識愛情、結識婚姻都可能遭遇巨大疼痛，但是，那樣的心靈高潮，多半也不會出現在其他事物上。

如果愛情有定期定額或躉繳的保險，你會買嗎？

如果每一個人剩下的時間，都不一定比活過的時間更長更多，那還能浪費今天明天和後天嗎？

棄婦的華麗轉身

棄婦，如果財富豐滿，可以當即華麗轉身，如果兩手空空，也可以瀟灑揚長而去。

跟你辛苦，心甘情願。

跟你心苦，老娘不幹。

別後勿忘慶幸：他惡質九九，卻願給一分放生，就算這是吝嗇結局，甚至是淨身出戶換得，也意謂自己又有海闊天空的機會。謝謝他。

棄婦不代表人生失敗，只是遇到愛情老千遭到同門暗算，以後自會機警聰明，知道對愛到骨子裡的人，也需要預防萬一留兩把刷子。

棄婦有忌，萬勿生怨，囊空如洗也要離場求生，如果流連怨憤，無疑就是賭桌借貸，輸不見底。

相愛時，愛是對等關係。
相輕時，愛是對價關係。
相剋時，愛是對峙關係。

先發達的，容易忘義；有心機的，會佔上風；爲愛而愛的，可能啥也沒有；但是爲了要讓傷害停損，即使賠了夫人又折兵，也不必怕路斷人稀，世態炎涼。

已能承受最愛的人翻臉無情，今後還有誰能爲難到妳？

女性主義，女權主義，在兩性相悅的情愛關係裡，是起不了作用的，唯一的保障是「剛好他還在愛妳」的當下。

惡質婚姻，處處找得到問題，美滿婚姻，實在不需要優點支撐，就好像一部票房垮了的電影，怎麼說都全是難看，一部狂賣的電影，人人說好卻又不知好在哪裡。

專家說，婚姻好壞，其來有自，言下之意都是人爲因素。

我說婚姻跟健康一樣，百分之五十靠基因，百分之二十靠保養，百分之三十靠運氣。

倒楣的人乾脆直接大方承認自己就是倒楣，這樣反而可以讓爬起來重新上線的覺醒，復原的快些。

寫文章此刻，剛好姐姐長輩來電話。

她剛失去先生一週年，逐漸發現一些事情，讓她無從招架，現在聲音雖已逐漸明亮，但仍忍不住說：「我最大的心願，就是徹底忘了他。」

哈哈，姐姐已經八十多歲了，記得或忘掉，眞的還有差別？

我呢！剛好相反，凡來過，必有痕跡，因爲最初用過太多力氣，棄後也很難徹底忘記。

有一次從北投喝下午茶回來，我和周丹薇坐阮虔芷的車，我的先生也在車上，不知聊到什麼，我忽叫出一個名字當受詞，大家聽到的是我前夫的名字，一時之間，車廂裡的空氣凍結，安靜……安靜……。

我率先自首，一個名字叫二十年叫慣了，沒啥特別意思……。

大家不接話，還是很安靜。

回家後，我問先生：「剛剛叫錯名字，讓你不舒服嗎？」

他說：「一點都不會。」

的確，口誤筆誤，有時眞的毫無特別含義，可能因此，我很少發訊生日快樂、聖誕快樂、佳節快樂……。這些，對我而言，都是有口無心，說而無誠。

結離皆是喜事一樁

當我確定自己已是可以談笑風生的「成熟棄婦」時，我一直想寫一本關於離婚的林林總總。

朋友說：「太危險了！大家都在傳授成功術，避諱失敗經，想想看，不管哪個年齡層的女性，都不好意思在書架前翻閱失婚主題的書，她們一定怕引起別人注意的眼光……。」

作罷之後，我偶爾會想起，失婚，有這麼隱晦嗎？難道就只有我這麼不害臊？

最近幾年，風氣炸鍋，離異事件愈來愈像靈異事件，半夜抓鬼，白日說夢，有人咆哮，有人哀兵。

其實，結婚要好好結，離婚也要好好離。

因爲，結婚，是跟一個喜歡的人一起生活。

而，離婚，是把一個討厭噁心鬼徹底擺脫拔除。

這不都是喜事嗎？

愛不需要省著用。

愛的時候盡量奢侈大手筆，成就對方成就愛。

誰都希望
從一而終，
但是也得饒過自己

愛不必用來打水漂。

離的時候帶走全部的愛，挽救自己挽救心，人我兩不欠，天地可昭信。

棄婦，就是坐過牢關過監獄的政治犯。

這個紀錄，未必不良，到底需要思想改造？還是應該繼續有所堅持？會在下一段的生活裡得到鑑定。

家庭倫理逐代薄弱，個人價值凌駕一切，當這兩項轉變在在改寫情愛關係裡的權利義務時，公平關係就會以量化方式出現在生活裡，一旦彼此潛意識天天驗收生產線上的品管與成本價時，每個人都會被氣難平的自私情緒綑綁住，最後採取了自衛防守與反擊。

我們還是孩子的年代，爸爸把全額收入交給媽媽掌管，覺得是一種驕傲，似乎也因此，嬌寵媽媽的神情格外有男子氣慨。

到了哥哥和姊夫這代，他們還是把大多數收入交給太太支配。

願意讓妻子擔任財務大臣，是丈夫對家庭的信任，他的信任又給了

妻子必須要的安全感。

好的倫理，是家庭分子人人有用、個個盡責，還能彼此看懂對方的付出。

不過，時代終究不同了，渣派不分男女，有些老實男也很憋屈的成爲家暴受害者。女人動口，男人動手，家庭裡，只要有暴就有碎。關上門，換把鎖，什麼樣的切割都會出現。

電影劇情已經走向人生虛實難分了，感情，既然可以漫天叫價，當然也可以就地還價。當感情值不值錢是可以衡量價量的時候，愛和不愛，已經不是直覺，而是醒覺，因爲要貨比三家不吃虧，劈腿外遇是必要技能，難怪連好萊塢都不再出品純愛電影了。

一個永遠活在愛情裡的人相信愛情，只是金絲雀的格局。

一個被愛情折損的白鴿，在折翼之後再度飛翔迎向有愛情的方向，才是眞正相信了愛情。

金絲雀和白鴿，沒有誰比較美好高尚，只是選擇的不同而已。

誰都希望
從一而終，
但是也得饒過自己

棄婦相信愛情，不是諷刺，是自信。

我都可以有自信，妳當然也該有自信。

我是自信後受益吸引力法則，才能遇到再次的愛，而不是我遇到愛之後才恢復自信。唯有健康自信，才能再談其他。

我「談成」的那場戀愛

白居易詩歌有道：「寄言痴小人家女，愼勿將身輕許人！」

東漢司馬相如琴挑高白美富二代才女卓文君，兩人連夜私奔，關於他們的愛戀版本甚多，究竟是佳偶怨偶？莫衷一是。

卓文君的《白頭吟》流傳天下「願得一人心，白頭不相離」，但我印象深刻並覺得有趣的是她《怨郎詩》裡那兩句「巴不得下一世，你爲女來我做男」，這才是渴望對方同理感受的神話。

「巴不得下一世，你爲女來我做男」我心裡常常獨白這句，想靠念力取得來生，也就是我要對先生說的：「這位爺，來生，讓我娶你爲妻吧！」

先說好，咱們路過奈何橋時，都閃躲別喝孟婆湯，無論如何，要兩兩相記今生今世。

你別忘了我的齜牙咧嘴，我也牢記你的倔強如驢，以便轉世重逢時，有恩報恩，有仇報仇，你套用我的感情，我套用你的表情，看看你能否像我一樣熬得這麼久？如果實在無恩無仇，也就一筆勾消，繼續勉強度日未嘗不可。

無心插柳柳成蔭？

很多人都喜歡問我們是怎麼遇到的？

你代朋友到我家轉達一句問候話，想當然爾，這只是社交活動中可有可無的應酬，也根本不是朋友有心插柳，大概只有你這樣的人，才會很當回事的按鈴前來說「他叫我來問妳好」。

不是乾柴，不是烈火，然，二日之後，我們，在SKYPE上開始說話，也是那時候的你和之後的你，練就我擅長獨白的功夫；如果我不說話，彼此間就是一部空白無聲的默片；如今想來，當初若錯過那樣的彎彆扭扭與格格不入，誰知道日子會多了寂寥？還是更亮更樂？

剛開始聊天出招，都是我在自問自答。

有一天我說：「你也可以寫寫信呀！」

你，沒表情，沒反應。

多年後才揭密：「妳叫我寫信的時候，我想這怎麼辦？如果不會寫，是不是就不再交往下去了？」唉！你辜負自己能寫一手漂亮的字，我呢？好險，如果堅持喜看情書的怪癖，也許早就自動洗牌，提前演出徐譽庭編導的故事，結束「我沒有談的那場戀愛」。

你從高雄來台北才三趟，就從商務旅館住到我家，其實這是姊姊的意思，她跟你交談，覺得你一臉老實，加上你的家人未見面就都分別打來電話，覺得這樣就已經是跑得了和尚跑不了廟，應該沒有造次可能，關於安全問題，我們只做了這樣簡單的評估。

你家熱情大姊當即從澳洲來電話說：「愛倫啊！有妳，台北又多了去處，放心，我弟弟是很好的人。」

所以，一拍卽合的不是你和我，而是我們兩家的姊姊。

獨居太久，對於情感，我已經相當生疏，只覺得一個男人看到我就不停地傻笑，讓我打心裡花枝亂顫。

因爲特別喜歡你這雙大手，在老咖啡座裡我就忍不住握著你的手說：「你這麼可愛，怎麼有人捨得放掉你？」

哇！這個對白是不是太man了？我年輕時的矜持與裝模作樣，早因穿透歲月的假象，打磨得乾乾淨淨。

你沒接話，是嚇到了？還是被勾魂了？

再次上來，膽子好大！說晚安時，你突然站到我房門前說：「我想看妳睡覺的樣子，讓我睡妳旁邊，我保證不會亂動……。」

騙肖，我五十六歲，你五十九歲，你要睡我旁邊、你要看我睡覺的樣子，你保證不會亂動……，這對白眞夠蠢了，但是……，第二天一醒，你側著臉直勾勾的看著我笑，鼻樑挺得讓我心裡暗叫眞傻，然後我只會說：「你好瘦喔，肩膀都沒有肉……。」

媽啊，我眞的已經沒有愛情細胞了，我的風花雪月呢？

相貌俗俗的我，自來愛演《第凡內早餐》類型戲，這會兒怎麼就只會實話實說？難道老人之戀眞的無汁無醬，乾乾澀澀？包括我自己？那還憑什麼向人貪求甜言蜜語？

隔兩天，眞不好意思，我得去國泰醫院看骨科，照了片子，還好，這位大哥壓傷了我，但沒有壓斷我的肋骨。

我們在一起，就是悲劇當喜劇，喜劇當鬧劇。遇到過度冷場的時候，我還要一人飾二角唱雙簧。

蜜月期很短，適應期很長，磨合期到現在還需要使盡全力。

哪對夫妻沒有僵局！

大家都說我命好，老了沒遇到老怪，竟遇到一個老乖。

關於命好不好，我舉個簡單例子這樣說吧！大家都知道千萬不要跟朋友一起去旅行，因爲很多幾十年莫逆之交共同旅行一星期後，就從此不相往來或情淡如水，我，就是一直在長途旅行的交戰中。

我沒有要矮化你這隻大金剛的意思，但是關於我的辛苦，我只能說：反正你在或不在都不擾人，但是在這不難相處的關係中，如果大家以爲你在跟我共同照顧一個家，那是外界太高估我們的美滿了。

我們家是一座彈子房，空間裡有一張憑空漂浮的花式撞球檯，我是經營者、我是記分小姐、我是選手、我是裁判、我也是母球與球桿，你，是單一角色——一顆在檯面上靜止的球，我不耐煩的用球桿戳戳，你就漫步拉搭的滾滾動動。

沒有人知道我是花式撞球高手，十七年的長訓，在技術上，我早有世界級冠軍的水準，只是得勝率並不高。

若想你這顆球進袋得分，沒有誘導之方，只有進擊之法，得靠自己推桿拉桿撞你入袋，但，你的思維模組是一盤搗蛋子球，常常阻礙我打到目標球，談兵法，談戰術，談和平，談共生，都很難談到一條路上。

僵局常在我們之間。

做不完的家事，我需要你幫著收拾。你唯一的效率，就是用一個超級大塑膠袋，把櫃裡、櫥裡、抽屜裡的東西急速打包，那麼大一袋，是搬家嗎？我能不檢查嗎？

全是新的，爲什麼要丟？

沒有用的東西，就是佔地方的垃圾！

瞧他說的多瀟灑！

那咱們倆都已經是沒有什麼用的東西，也可以相互甩了吧？

現在，我找到求生之道，就把你當工具人吧！你的啟動模式簡單，使用程序不複雜，剛好夠我用。

曾以爲你會是我的金主，雖然夢未成眞，但作爲我的財務經紀人，你是有貢獻的。

我的投資，無一不嚴重虧損，你——拜訪我的專員，問：「我太太的所有投資都負成長百分之五十以上，你們能說明嗎？」每個專員的答覆都一樣：「進場時間時機不對，買在高峰。」

十個標的物，十幾次出手，兩個十年時間，竟然都沒有對的時候？我沒氣，你到氣起來了。於是開始教我該殺的殺，該贖的贖，把一堆破銅爛鐵集合起來重新融爐煉金，還眞讓我的財產水位止瀉了。

從島內旅行到國外旅行，我不管票務，也不問行程，身爲伴遊小姐，沒額外按日計酬已是一種慷慨，你當然該做到全程招待，何況你完全明白，我是你最好的室友，只要不惹惱我，我永遠可以輕鬆做到以你的喜好爲優先順位。連平日人家送一張彩券，我都要帶回家留給你刮刮樂一下。

今生的感謝，來生的約定

以上實況，其實看不出來還有做來世夫妻的必要，但是萬一又冤家路窄，下輩子請務必保留我今生已再再感謝你的部分：

因爲你溫和，我能做完全的自己，對你再氣再惱，心中沒有受挾的恐懼。

因爲你簡單（用單純二字會惹笑吧？），我用照顧你的心，撐起我自鳴得意的重要性。

雖然你被動，但是有求必應，常爲我的迷糊失誤收拾殘局，馬不停蹄配合演出。

你不喜歡吃任何維他命，但是我隨便倒幾顆在你手掌心，你也問都不問的就吞了，信任，是再不滿意都敢同處一室的基礎。

縫縫補補我們的個性與應對，來生，你做我的妻，比這世我做你的妻，大概幸福多了。

血氣方剛時，嫁給愛情。雖活猶死。

老謀深算時，嫁給性情。雖死猶活。

我相信沒有哪一段感情是風和日麗的，所以我也能自嘲自信：其實就憑咱這條件，如今已堪稱過的風生水起了。

彼此都能適應的愛，就是最好的愛

我會主動去醫院通常都是不舒服的有點嚴重了。雖然最近確實胖了很多，但是腹部又鼓又大又硬又連環噗噗噗，總是讓人發毛。

我看診習慣跟著醫生走，早上六點半從姊姊家坐九〇五到新店耕莘醫院，看嚴守智大夫門診。

胃鏡折騰完之後，醫生說胃壁乾淨漂亮很光滑，但食道和十二指腸發炎的很厲害，當然都是胃食道逆流惹得禍。叮嚀，吃飯要慢很慢非常慢才行。

回程，東轉西繞到了汐止中信大樓園區。

白髮老傢伙，我們果然是漢堡餐廳唯一的高齡顧客，像我們這個年齡，這麼喜歡吃美式漢堡的，並不多。

他抱著漢堡吃著吃著人都吃傻了，突然滿臉笑容跟我說：「上一次我胡了一把清一色，起手就十張萬子……。」

隨後他把手上聽牌唸一遍再問我：「妳看看這可以胡多少張？」

看在一對一約會和幫我攪咖啡的份上，我假笑湊性讓他起勁的說：「天牌」呀。

你只要給我三十分鐘小體貼，我的賢慧溫柔就沒有底線。

廉價如我，天下少見，我偏愛的那一套就是這麼便宜。

事實上，女性的一生，通常都是以大搏小，拚了命爲你這，爲你那，想得到的，只是要那麼一咪咪的和顏悅色，男性戶長繼續保留追求眷屬時百分之十的熱情，就眞的很夠用了。

母老虎太太是先生造成的，天下男性要相信這個邏輯，也要深深記住喔！問話不答話，說話不搭腔，是現代婚姻裡的地雷，一旦她被他逼的抓狂發威，不止地雷會爆，連手榴彈也甩出來了。

愛，需要溫度

「啞婚姻」已是多數配偶忍無可忍的關鍵。

當我逐漸發現對方用「嘆一口氣」當做回答時，倍覺毛細孔全開，當卽就想大刀闊斧出寨了。

有一次在朋友家作客，一向溫柔的太太撒嬌式的問問題時，先生居然也是用「嘆一口氣」回答，不得了，當著我們，女主人就炸鍋了，針對嘆氣，做出種種逼問，我哈哈大笑打了圓場，也有一點幸災樂禍，原來，用嘆氣回答不是只發生在我家。

無話可說或不想說話，都是兩性感情分化的黴菌。連古代皇帝都感慨：後宮嬪妃成群，卻連一個可以說話的對象都沒有……。

爲什麼要牽牽手？

爲什麼要抱一抱？

爲什麼要說說話？

爲什麼要眼對眼？

因爲，我們需要溫度。

人跟人之間產生的溫度，是透過肉體感應直竄神經網路，再順勢連進靈魂深處。

你不在乎溫度嗎？你不知道溫度就是情感深度的心電圖？

去年大哥從美國回來，還帶著隨身氧氣瓶，已經七十六歲的他，身體健康時有狀況，但是又很奇蹟，每次在家人揪心驚悚的時刻，他都能忽然轉危爲安。

哥哥現在瘦骨嶙峋的樣子，與年輕時的瀟灑帥氣完全無法對照。他衆多美女朋友中的某小姐在幾年前見到他後，傳出笑話：「老情人只能活在夢中，眞是相見不如不見。」我們也跟著大笑。

嫂嫂是哥哥的眼中「盯」，他的眼睛一分鐘都離不開她。

這次回台北住二姊家，有一天嫂嫂逛撫遠街市場，一個多小時還沒回來，在家的哥哥就坐立難安了，執意要出門找她，在二姊一再阻攔下，終於盼到迷路的嫂嫂到家了，哥哥劈頭一句：「我恨不得殺了妳。」

我們懂「恨不得殺了妳」這句話，不是暴力，不是霸道，是他緊張到抓狂的情緒爆發，看不到嫂嫂，他已經跟二姊說了好幾遍：「我急的背都發麻。」

哥哥不到四十歲赴美定居後，個性轉變得極爲神經質，作爲親手足，我們也心疼嫂嫂難爲，但是，他們感情卻非常非常好。

哥哥耳背多年，嫂嫂半年前也突然失聰，現在兩人都得戴耳機，我們有時會提醒他們戴上，避免我們不夠有耐心重複說話，但是他們兩個之間卻常常嘀嘀咕咕有說不完的話。

我跟嫂嫂說：「這世界上有誰像哥哥這樣愛妳呀！」我的用意是安慰她照顧的辛苦，她只簡單的說「是呀！」哥哥這下耳朵又靈光起來：「我現在眞的是非她不可。」

自己才是被照顧者，哥哥卻經常焦慮的說：「如果我不在了，她們怎麼辦？」

她們，還包括兩個成年的孝順女兒。

平心而論，我們手足共同想法是：嫂嫂不在了，哥哥一天也活不下去。他每次逢凶化吉的生命力，就是靠自己以爲的「如果我不在了，她們怎麼辦？」才能好好爲自己的重要性活著。

兩個人的日子，不是別人看的算數，人家說我幸福，我有自己的煩躁與貪心。

我看兄嫂的互動，隨時都會跟著緊張起來，但他們的節奏，疾速緩流，彼此都無不耐的願意扶著攙著。

哥哥對嫂嫂的好，很直接很簡單，嫂嫂只要駐足看什麼，稍稍顯出興趣，哥哥一定大方主動說：喜歡就買呀。

世間婚姻，裝聾作啞是一種長安之道，裝聾作啞也是一種毀婚徵兆。一樣聾啞，局面不同。有些因此相依爲命，有些因此分道揚鑣。關於聲音與沉默，每個人在乎的程度不同，只要相互沒有矛盾，哪樣適應，哪樣就是最好的。

愛情維修指南

我是你的娘子，不是你的漢子，麻煩，溫柔體貼一點；好好待我，是你一生最無風險且有暴利的情感投資。

你是我的爺們兒，不是我的哥們兒；我恭著待你，向來都是心甘情願，但如果一再逼良為潑，我也能演聊齋女鬼。

以上，想來是所有女性都差不多的心聲，雖然篤定有理，但並未當真貫徹。

無事時，滿口我可以大義滅親，我會千刀萬里追，有事時，總是信他無辜受騙，配合哀告，忘了自己。

男人不壞，只是天生被植入隨機都可幹一票的蠻勁兒，以致，一半人無力克服桃花亂飄，一半人不想拒絕投懷送抱。

女性，寧可做下堂妻，也不作軟柿子，因爲會把妳當軟柿子來捏弄的人，通常有停不下來的快意，到最後，一顆皮爛汁盡的軟柿子，只怕連選擇下堂戲碼都已經彈盡援絕辦不到了。

看懂男性具備人體功能的瑕疵，妳不妨先預設立場，就是瑕疵出現時，妳的選擇是什麼？維修再用？直接淘汰？還是……。

維修是有維修費的。

爲了維修感情，生活裡勢必要列出零件更新與重新試車的預算。

零件更新包括持家環境的改善。

他在家裡待不住，就會外出找獵物，女人家呀，要正視雙方共同嗜好、興趣，家門之內，常常相互取樂，家門之外，常常出雙入對。

如果他少回家，如果他不回家，妳也得善待自己，先把家的設備調適到最舒服狀態；**女人閒著，其實就是實習一個人過日子的自修課程，該怎樣保養就怎樣保養，該怎樣強化周邊關係就怎樣強化，等到哪一**

天，他眞的造反，妳也已經好整以暇蓄勢待發。

女人就是要有兩極彈性，被疼愛的時候，好好享受，被糟蹋的時候，樣樣不愁。

我從來不認爲養家是男人的單一責任，但是男人完全不理會家用，咱們就要有警覺，該把他掃地出門？還是等著他把我們掃地出門？

此外，男人有他智障的一面，他的錢，是花在家裡建設硬體製造詩情畫意？還是花在外面採購軟體貓兒沾腥？有沒有暗藏帳戶？哪天突然發生個意外，是外人佔了便宜？還是他有心預留安家費？

夫妻財務可以各自獨立，但是，不能不知底細，如果有一方太步步爲營，另一方就要提醒自己天有不測風雲，既然他不夠誠懇，妳也就無需過度誠實，先演習拉高兩人關係的風險等級，爲自己多想些未雨綢繆的避險策略。

已經出現瑕疵的男人，如果再對家人斤斤計較，這樣捨不得，那樣不願意，那就打開天窗說亮話吧。最好直接討論提撥共同生活儲蓄金的分配比例。

一起過日子的我們並不會視錢如命，也不可能活出死要錢的齜牙咧嘴面容；但是他在外面胭脂紅塵活的風調雨順，豈是靠摳門取樂？既然如此，我們就算流連舊情也要早早備好戰馬，存好戰糧，除了照顧自己，萬一良人玩的失足淪落爲廢人時，說不定我們還得有能力把他打撈起來。

維修無效，就淘汰停損。

不要爲了下一個男人會更好就放棄現在，而是要爲了不能讓自己再壞下去，才停止現在。

好的生活並不是靠痴心妄想得到，好的生活是要撥亂反正鞏固深化，沒有誰離開誰就活不下去，眞的。

不平等之美

論感情關係，我總是心疼女性居多，但事實上，這樣的一面倒剛好是因爲我相當崇拜男性，甚至許願來生爲漢子。

我沒有特別贊成男女平等這個字詞，因爲在兩性關係上，我覺得不平等就是一種公平，如果處處追求公平，反而辜負了不平等帶給女性的嬌寵。

舉一個簡單到不能更簡單的例子來說。

妳晚歸，他來接妳，開車可以快速，走路卻是夜間散步的情調。

他晚歸，妳去接他，百分百是開車，不可能走路，因爲妳夜間走路可能會有危險。

生理條件造成女生必需受到較多的保護。

妳逛街，他可以流連人行道等待，也可以叫杯咖啡打發時間，等，是一種被讚美的體貼。

他遲到，妳站在街頭等候，如果他趕來不先做說明跟解釋，妳負氣而去，他還得追著把妳哄笑。

心理條件造成女生必需受到較多的呵護。

這種恰到好處的保護與呵護，可以讓男性春風得意，也可以讓女性搖曳生姿。

我知道男女平等的主述，是指職場上、社會上的兩性平權，只要能力夠，機會就一樣。

但男人跟男人的競爭都沒有平等可言，女性可就別傻傻的要堅持字面上的平等。

職場上的公平價值，是妳確定需要的嗎？妳該很清楚那樣的風險。

女性位高權重，萬一常常出差在外，家裡那半很容易守不住寂寞，插播無賴的無奈。

那換成男性常常奔波他鄉呢？要不了不久，可能就遭遇命運的安排與洗牌，人去心離，還扯得出一大堆冠冕堂皇的理由。

由大看小，以著觀微，把平等議題濃縮在兩性生活的關係上，才能讓男有分女有歸呈現眞正的自在。

不平等，可能是維持和諧的必需。

就像多數男性不會喜歡作風太像男人的女性，多數女性也不會喜歡個性太像女人的男性，因爲這樣就是硬碰硬或軟碰軟，很難吻合套用。

男人的優越感

一個男性可以在一年內讓十個女性懷孕，而且神不知鬼不覺的沒有後顧之憂，一個女性只能專心一意爲一個男性懷胎十月，而且後續工程沒完沒了。

所以，如果碰到處處要和妳精算公平的男人，快跑快逃，因爲他擁有得天獨厚優勢，卻沒有俠士紳士道德精神，要他何用？

況且，丈夫不孕，妻子認命，妻子不孕，丈夫納妾，就算違背善良，普遍還是以「人之常情，在所難免」對男性免責免懲。在這個不能逆轉的關係裡，「缺錢就可搶銀行」的邏輯，反而把丈夫當成受害者、被允許被同情，有誰會扯上公平原則來審判是非呢？

男性不是賣命長工，女性不是無償奴僕，那是千年前思想貧困的兩性關係，現代人，懂得分享共享才是最大的享受。

如果打算獨身，也決定貫徹獨身，那一本正經的要求平權平等，可以是自己堅定的獨立宣言。

但是，只要有心與一個男性發展未來，妳要善用的不是平等條件與公平界線，因爲條件與界線都是模糊不可規範的，妳要看重的是，他會怎樣看待對待女性。

男性嬌寵女性，是公平。

男性讓步女性，是公平。

男性疼愛女性，是公平。

男性以傻笑寵溺來迎合女性的撒嬌撒潑，是公平。

因爲這些行爲，就是身爲男性的優越感、成就感、自信心。

有性別優越感的男人，覺得男性就是比女性強大，所以他的優越感會有很多的溫柔與包容力，覺得讓著女性是自己的榮譽，至於男尊女卑的男人，那不是優越感，那是自大的歧視，自卑的粗暴。

不愛就不寂寞

男人，因爲怕寂寞，死賴著沒有人間煙火味道的婚姻。

女人，因爲嘗盡了寂寞，決定離開已經是寒窯的婚姻。

婚姻裡的寂寞，男人女人在乎的面向不同，看得到的春夏秋冬，好像也不是來自同一個時空。

通常，男人製造寂寞而不自知，而女人一再提煉寂寞，終於讓自己有了破釜沉舟的勇氣。

男人，因爲外遇，離棄婚姻，還要佯裝自己情義具在。

女人，不屑外遇，甩掉婚姻，罔顧自己還難以自拔的愛著。

金錢是一帖藥方，可以有藥效，但不一定能痊癒。

誰都希望
從一而終，
但是也得饒過自己

女人是否物質化，要看對方愛的角度，他不願給贍養費，覺得被剝削，可是他在逗其他美人笑時，深怕自己銀兩不足。

捨不捨得慷慨妳，就是愛不愛妳的證據，不必懷疑，也不必開口，不自動不主動的分享，除非是受困孩子教育費的需要，否則提前自力更生，才會有好的新生。

物質要技倆嗎？有的女人因而抬高自己，有的女人卻遭譏受嘲，爲免後患，腰包裡的鈔票，自己賺的最扎實。

男人沒有子嗣，妻子只有一個反應，會眞心誠意的安慰他。

女人沒能當上母親，先生的態度可以隨時變卦。

愛他疼妳時，誰都不能用這個理由分化你們。

情淡意薄時，他用很有良心的說法讓妳成全他外面能有個小兒郎。

如果心變情變，別囉唆，他單刀直入擺明我有權利找人延續香火，妳只有下堂求去才是明理。

寂寞的源頭

青春與歲月，對男人和女人，毫無公平仁慈可言；女人在愛情和婚姻中，不只是怕外來的女人踢館，還要怕上一代或下一代的女人找碴。

並不是說外面的女性必有特殊攻擊性，實在是男人有很多好奇心不穩定性，不知道什麼時候會惹出什麼麻煩。

也不是說每個婆婆媳婦都可怕，但是妳們之間很少會形成生命共同體的相親相愛，的確多一事不如少一事。

親情與愛情，已經牽扯太多的利益交換，激烈程度，簡直與時俱進，這是人類寂寞的源頭之一。

我們想找溫暖，卻不知誰的燈火裡沒有迷魂香？我們想說心裡話，又不知誰的攪拌機會碾碎自己的眞情告白。

大家只能酒肉尋歡，不敢傾心同夢。你怕，我也怕，今天的萬般捨得，會不會換來他日的死無葬身？

誰都希望
從一而終，
但是也得饒過自己

身理心理的差異性與必須性，造成女性的先天下之憂，顧前顧後顧上顧下，一次懷胎十月，就需要面臨一次人生大變革。

能繼續作職業婦女嗎？

做了母親會讓其他的進步停頓嗎？

向這個社會告假之後，會不會就自然出局了？

這一連串的引動，可能就是二十年一晃，接著，又面臨小鳥高飛的空巢期。

公衆號上有很多女講師男講師，都以愛情神算師的自信，傳授一套公式，斬釘截鐵的理論，說得不吁不喘，內容不外乎「做到以下三點，保證男人對妳服服貼貼」、「如果不想讓自己行情看壞，千萬不要犯以下的錯」、「男人不買包，不送花，不轉紅包，妳還要他幹嘛？」我常常忍不住去看這些視頻，每次看得哈哈大笑。

在兩性平等的世界，把女性物質化到某種程度，究竟是爲了激發男性任重道遠？還是告訴女性唯一的保護之道就是見錢眼開？唯錢是問？這個觀念裡唯一可取之處，是他們假設男性仍居於剛強，所以鼓勵女性予取予求，只是邏輯思維太像人肉市場的叫賣剝削。

工作是必需！管你是張三李四。
不能怕操勞！只要別累死自己。
時間若可以！盡量去修養休息。
退出社交圈！絕對不是眞道理。

奮鬥的年齡，收成的年齡，都不要把日子組合的過與不及。
女性，再幸福都不能放棄外面的世界。
妳的配偶是妳孩子一輩子的爸爸，但不見得會是妳一輩子的愛神。

女性一向比男性耐得住寂寞，但是，不管妳對目前的現況是否滿意，永遠不要脫離社會，脫離社會就是孤立自己的開始，因爲舉目無親的「親」，不只是指家人之親，還包括外人之親。

第一好的運氣，是家人相愛，第二好的運氣，是家人靠不住時，還有朋友願意拉妳一把。

不寂寞的時候，試著照顧寂寞的人，一旦自己落難寂寞，也許妳曾照射他們的光芒，還可以反饋一些餘溫。

從未有過婚姻或伴侶的人，總能把自己過得很好，妳不信？那自己去做問卷調查。

愛會傷人不假，失去愛的人最容易寂寥，因爲，心中就是時不時會浮上來衆多情節讓人沉溺。

情傷的人需要做對的事，一是忘掉幾個名字，再是忘掉幾段回憶，三是創造幾項自己被耽誤的成就。

你是怎樣的愛人？

誰都希望
從一而終，
但是也得饒過自己

良人配良妻，天經地義，偏偏，有良人，有良妻，之間的和諧，卻是緣木求魚。

婚姻壞在哪個關卡上？

如是：所有的應該出現在不應該的態度上；所有的不應該，又被理直氣壯的認爲本當如此。

男人與女人在家庭裡的角色塑造，必需與時俱進，不婚有不婚的瀟灑，已婚要有已婚的擔當，喜歡保持同居關係只顧男歡女愛品質，也行；反正晚上開哪扇門進哪戶人家，就當三宮六院大紅燈籠高高掛，要翻牌恩寵誰，沒什麼人能攔住心之所往。

但是，凡是進入「我們」階段的共同生活伴侶，就請不要目中無人，並保持身潔心淨。

如果你當對方是空氣，只管自己血氣健康卻罔顧對方感受，對方怎能不把你當塵蟎？合理的出手，能淸則淸，能滅當滅，暗裡幫著不出聲卻鼓掌的人多的是。

天長地久不是嘴說爲憑。

白頭到老更需兩心相悅。

實在喜新厭舊難以自拔，那就要捨得割地賠款隆重致歉，能做到這點，痞子也算是君子。

男人圍桌，邊喝酒邊聊風情女子，如數家珍，好快活；女人相聚，邊喝咖啡邊罵男人，雖然只有自家這一隻能叨，倒也痛快。

男女思維不同，範疇不同，對婚姻對伴侶的檢查與配合當然不同，女人要用智慧，才能把不平等的天賦，培養出高人一等的大家風範。

忠實難得，不究對錯，但是傷人者要爲自己良心買單，不要自視聖君，覺得休了妳、羞了妳，是我男兒本色，是我至尊特權，我撇了妳就是放了妳，憑什麼還要資金挹注妳這糟糠妻的戰後重建呢？

在這樣事件裡，兩性也有可能互調強弱立場，但終究較少。有心理學解釋，男性器官突出在身體之外，所以便於使壞，這是很好的脫罪藉口，但面對男人天生的優勢（也可能是劣勢），甚至還可能是缺陷，伴侶方的確要多多理解，多多同情，也多多鷹眼透視。

男人怕守身，擔心守身會淪爲技不如人之譏，不管眞假，多數男人吹起牛來，直可把牛吹得像氣球一樣漂浮起來。

女人怕破舊，一頭栽進自己以爲的無塵世界，聽不見、看不見世事多變化，也不學習、不進步、更不蛻變，空有萬紫千紅的從前，仍有斑駁褪色的此刻。

誰家的男人都關不住也管不住，女人只好多用心眼，但又別失之於小心眼；多參與夫妻檔社交，多培養家庭摯友，多關照知己的長輩與小輩，他們，都可能會成爲牽制男人鬼鬼祟祟的蜂鳴笛。

大家都只活一次，在世時間長短，由不得自己已經無可奈何，好在可以選擇由不得讓妳花落葉黃的他捏拿妳的命脈。

相愛，不是相欠，是相施。

情愛權財，給多給少不是關鍵，但是要給的自動自發，要給的心甘情願，要給的唯恐不足，要給的符合自己能力的濃度。

金錢收放不是愛意衡量的標準，但，確實是極穩健的參考數據。

擁抱的時候，是不是虛情假意，妳心知，他肚明，因爲假鳳虛凰習慣寫實主義，最差的一部分演技，就是演不出眞感情。

高歌不婚不生，是當今時尚主流，但是如果連愛一回都嫌棄，那眞是太辜負人這種動物被恩賜擁有關於感情的「感覺」。

這個感覺就是：電麻酥。

這個感覺就是：狂喜極悲。

這個感覺就是：活的好苦，死了好不甘心。

這個感覺就是：你看我一眼，我的心就飛上青天。

這個感覺就是：愛你，願爲你死，恨你，要讓你死。

愛情浪漫嗎？也許，不過，愛情也有另一面，就是：超俗氣，超現實，超勢不兩立，超搏命，超極端，超纏綿悱惻，超驚心動魄……。

看完這篇了？睡覺去。

明早起來精神好，瞅瞅枕邊那位，再斟酌，要爲愛情奮不顧身？還是退避三舍？修正彼此的落差？還是乾脆逃之夭夭？

愛情是跳彈簧床，越蹦越瘋越有趣，知道有危險卻未必有危險。

婚姻是走鋼索，雖謹慎專心，防範風險，但是一個滑步，卻有可能粉身碎骨。

你是怎樣的人？

只適合做夫人？只適合做人夫？

只適合做情人？只適合做大衆情人？

選擇時，不要爲難自己，選擇後，不要爲難別人。

輯四

家常對話

家是信仰

家庭的食衣住行是省不掉的日常開銷，其中，食物的儀式感，居住的關照心，尤其重要。家庭幸福與否，跟這兩個主題眞的有著唇齒相依的關係。

既然養家要花錢，既然花錢是必需，我們要不要花的物超所值，花的心情暢快？

不管人丁是多還是少，每個家庭都可以試著「回家吃晚飯」，就當這是日落黃昏後，對自己與對家人一日辛勞的重大犒賞。

一個有晚餐共食習慣的家庭，往往充滿暖燈下的歡笑。

但是，爲了「節省時間」，爲了「下班太累」，爲了「便當便宜」，爲了「分段進食」，爲了「善後麻煩」……，有太多理由，讓

誰都希望
從一而終，
但是也得饒過自己

一家人都失去一起回家吃晚飯的意願，「家庭」和「家庭晚餐」，爲什麼竟然成爲家人之間，最不耐煩應酬的對象？

爸媽在世的時候，我們是晚餐必需全員集合的家庭，絕對沒有邊吃邊看電視這種事（那時沒有手機）。

媽媽過世後，我在報社晚上工作，大姊大哥在美國，只有二姊把三個孩子送上學之後，可以有一段時間陪著爸爸，其中還包括和爸爸一起吃晚餐。

我很意外，得到很好照顧的爸爸居然很平靜的說過一句很震撼的話：「寂寞，會讓人想死。」

他常常一人開車到三峽天主教公墓，隻身坐在毫無遮蔭的墓園，看著媽媽的相片發愣；我們發現後，在心疼的狀況下責備了他：「以後想看媽媽，叫著我們一起好嗎？不然你的車鑰匙會被沒收喔！」

「**永久的缺席，是最大的悲傷**」，這些點點滴滴，串連建立我的家庭印象，也是這些緊密感覺，不但讓失去媽媽的爸爸思念常在，也讓我觀念承襲：**認識愛，必然來自原生家庭的彼此關懷。**

對「家庭」，我也一直充滿不會動搖的信賴。

家庭儀式感

快樂晚餐是快樂家庭很重要的儀式。

晚飯，眞的不該是媽媽一個人的事，即使她沒有外出工作，爸爸也因疼愛她身體不好，常常飛行回來就直接進廚房做飯。

家人關係和睦的第一條原則是：少用「你應該」三個字，多用「我願意」這顆心。

第一次領到薪水時，覺得賺錢這件事太榮耀了，因爲終於有具體的行爲可以謝謝爸媽，把錢交給他們時，我好興奮，他們也好興奮。

其實這個錢只一點點而已，但是，它，明確的媒介了我們的愛。

我們四個孩子都住在家，成婚的哥嫂跟我們住在一起，雖然是獨

誰都希望
從一而終，
但是也得饒過自己

子，哥哥照樣要拖地擦窗，因爲我們的爸爸就是會做家事的飛行員。

早上誰最早起來，就先燒水泡茶，端到爸媽房裡；媽媽胃不好，我們自幼就懂，不管春夏秋冬，每天第一件事，就是用保溫杯的茶熱氣，先爲她薰喉暖胃。

在這樣的家庭中長大，我們對「家」有一種如同信仰的忠誠，其中包括對姻緣配偶也毫無分別心的徹底擁抱。

所以，我們買了一戶透天，準備四兄妹夫妻抱團養老，而在這過程中的各種經歷，在在證明我們可以住在一起，不會發生格格不入，不會覺得時時不便，沒有計較與口角，甚至不要噓寒問暖都覺得心心相印（家庭群組就是這個名字）。

現在跟爸媽同住的年輕人，你們兩代之間和諧嗎？舒適嗎？

社會用「啃」來形容不肯離家的孩子，有點刻薄，就像年輕人也會反脣相譏：「憑什麼我要養你？」這樣說，也相當刻薄。

過去家庭裡的老式教育，讓我們兄友弟恭，讓我們相親相愛，當社會普遍嫌棄老人時，我們手足之間仍能互爲後盾，也慶幸我們有能力讓第三代，在溫暖的家庭觀念裡成長。

現在的經濟模式，當然不能跟過去相提並論，但是有一個重點是年輕一代忽略的，太多孩子在理所當然的說，爸媽那個年代賺錢容易，我們現在太艱苦，物價高薪水低，自己都養不活，怎麼顧得到他們？爸媽那個年代，賺錢不容易，不但都是一家六口，而且整整齊齊有四個是飯來張口的孩子。

爲什麼都是四個？沒人知道，總之，跟生男生女無關，反正女兒都是飛官爸爸的寶貝，誰稀奇兒子啊！

當時，家家薪餉都不夠用，所以沒有一個家庭不做副業。我們眷村有點好笑，全村都在養雞，我爲了切雞飼料，小小年紀就剁傷了手指頭。等小雞長大了，左鄰右舍發現我家有雞，你家也有雞，既然每家都有雞，誰也沒辦法賣給誰呀。傳出雞瘟時，沒有疫苗可保障，家家避免損失，搶先一步，天天吃炸雞，邊吃邊傷心。

爸媽就是這樣供四個孩子上學。

孩子們眞的都很懂爸媽的辛苦。

離開眷村後，剛進社會的我們也是租房子過日子，自己有了穩定收入，爸媽就會主動把手上一點餘錢，輪流幫孩子們付頭期款，我們大概都是三十幾歲擁有第一棟房子，然後要在七年至十四年時間還完貸款。

那時，錢少，作用大，沒有人家會浪費食物；我記得第一個方便麵品牌是生力麵，買一包，四個小孩圍著一碗輪流吃一口。好快樂。

我們爸媽也會板著臉發脾氣喝斥，但是，更多的時候，我們一家六口擠在爸媽大床上聊天，等到我上世新大學的時候，我不敢再去擠熱鬧，因爲擔心：萬一懷孕了怎麼辦？

沒有性教育，沒有性知識，也沒有性問題，我們不但就是這樣長大的，而且成人之後，我們還能保持健康的性心理。

在我們四十歲的時候，接觸的人，很少因爲不富裕而投機取巧，更鮮少聽到、看到、遇到刻意污染鄉里的惡人惡事。

現在的你們幾歲？剛有了自己的家庭？剛有了自己的孩子？一定很希望來自你生命的子女，都有一個快樂平順的好人生吧？

好好愛你的孩子，用對的方式來愛他，這樣，他的人生起步就充滿優勢，不會有太大的差錯。

愛你的孩子，愛你的父母，一個不會製造家庭動亂的成年人，會懂得把所有「應該」做的事，轉念爲「願意」做的事，那必定可以幸福三代。

亞斯太太的對話

A太太和B太太是四十年的莫逆之交；她們對自己的伴侶始終維持兩極的感受經驗。

有時，覺得自己的伴侶，單純忠厚超越一般男人兩百分，充滿臣服於他的歡喜；有時，又覺得自己伴侶根本就是弱智成年人，這讓她們在無能為力之餘，不斷躁動易怒。當眞氣極，陳述細節時，都會說到青筋浮額，眼露凶光，還聲淚俱下，生無可戀。

閨密至親，固然可以放心談自己的「難受」「難處」，但是在最初幾年，她們並沒有理解：兩人都站在一個特殊位置，受著一樣的苦難。

不知道對方處境的當時，A會打抱不平責備B：「妳很愛扯著嗓子指揮他，我看的都火大。」

B也不以爲然對A說：「妳幹嘛一天到晚演怨婦？我覺得他才是天天應付妳的倒楣蛋。」

直到亞斯伯格症愈來愈被社會注意，她們也才開始有了比對參考，重新認識自己擁有的這段伴侶關係。

她們得到結論：與丈夫出現巨大的認知差異時，自己若不堅持離去，剩下的唯一選擇，「大概」就是單方面配合這款不能改變的感情模式，並在餘生之中，努力訓練自己學習面對他們具有特殊基因的事實。

以前，她們只陳述自己的憤怒與不解，最近有多次夫妻檔同宿的機會，兩個自認受苦的女人，終於相互用實例歸納出她們平日裡的遭遇。

亞斯的日常一：你的在意不是我的在意

A說：叫他不要穿新的衣服睡覺，不要穿褪色衣服出去做客。穿皮鞋要穿薄襪，穿休閒鞋或運動鞋要穿厚襪。

我的叮嚀換來的仍是他的我行我素，偶爾有些場合我提醒他要穿西裝，他就說：「我穿西裝不能呼吸，那我不要去。」

西裝是休閒式而非正式款，他依然不接受，我只能妥協：「那打條領帶好嗎？」他繼續說：「打領帶也不能呼吸。」

B說：我用協議生活條件的改變來威脅他，他一言不發的坐在書桌前，搗著臉在哭，不修邊幅的長髮散佈額前，像一隻可愛的鬆獅狗，我不忍心撩起他頭髮，說：「把拔，對不起，你不要這樣嘛」，他的眼睛忽地就晶瑩發亮，剛剛的難過好像都沒有發生似的……。

亞斯的日常二：做什麼都沿襲既有習慣與制式標準

A說：他很會烤食物，因為定時定溫，永不犯錯。但是如果煎物，他從頭到尾不會轉變大小火。

他做的紅燒魚色香味俱全，但是他腦袋裡有定時器，非常規律的讓每一隻魚都八分熟，端上桌之後，通常都會遭遇再回燒一次的局面，即使有客人來也保持這樣「穩定」的成績，我說的這個狀況沒人相信，直到他妹妹來家作客才明白「確實如此」。

B說：他學歷很高，學習到每個問題都有標準答案，所以，他做任何事情都沒有彈性、沒有替代空間。有一回做燕麥蛋糕，剛好家裡存貨比食譜少了十公克，他就堅持當下去買，絕對不能將就變通。

亞斯的日常三：都是有手藝、不食人間煙火的憨男？

A說：他很愛縫衣服、縫襪子、縫內褲，我問他，我們有這麼窮嗎？他還很會做木工，可以不用釘子，直接卡榫。

但，我常常要爲他的回答打圓場，好歹也是大學畢業，對人情世故能不要像個小孩嗎？

B說：我們家也是。除了縫縫補補，T恤磨出毛邊了，還是要穿。他很會粉刷油漆，而且色彩概念很好。

但，他常常會提出奇怪的問題，我的好朋友有一次眞的當著我面挫折地說：「我可以不要跟他聊天嗎？」

這天，A在網路上搜到亞斯伯格量表。問卷總計五十題，如果結算在三十二分以上，就會出現去跟醫生討論的建議字樣。

A說這只是一個趣味遊戲，大家各自測量一下自己的分數，一定很好玩；她沒說的部分是已跟B取得默契，兩人要以自己對丈夫認識的角度，完成一份代答男人的量表。

結果出來的分數各自如下：A自己十三分。B自己十九分。較爲有趣的當然是太太感受下完成的先生量表數字。

A夫自測二十七分；A根據先生慣性行爲代答的問卷是三十九分。

B夫自測三十一分；B根據先生慣性行爲代答的問卷是四十一分。

三十九跟四十一不但明確超標被歸類亞斯伯格症，而且，還不在輕度症候群層。

A說：「我十年前就讓先生做過，他當時自測是臨界點的三十二分。我代作的仍是三十九分。」經過多年循循善誘，A夫顯然有了些許進步，至少已在亞斯伯格的邊緣以內二十七分。

B先生問B太太：「我們這樣的分數，會被勒令出局嗎？」（很有智慧與膽識的提問啊！）

A說：「已經無從停損，所以不必殺出。」

兩個男人笑笑，有一種安全的輕鬆。（他們好像很慶幸自己傻人有傻福。）

亞斯太太的委屈一：被迫強勢

作爲亞斯伯格症的太太，其實面臨另一個層面的精神耗損。在精神科門診輕描淡寫說著失眠、焦慮、憂鬱等症狀的病號，很多是「卡珊德拉症候群」患者，他們也幾乎都擁有亞斯伯格症的伴侶、父母、小孩，或手足之關係人。

夫妻，是日常中最親密的關係，如果這些互動準則太異於平常，最常也最容易遭遇到「卡珊德拉症候群」的，當然就是亞斯男的太太，她的情緒波動難免受到先生不按牌理出牌的影響。

自年輕就診斷出亞斯伯格症的男生，不容易導致伴侶的「卡珊德拉症候群」，因爲個案的亞斯身分，會讓相處的人，在婚姻起步就有心理準備。

「卡珊德拉症候群」的受苦者，則可能是在婚後生活中，陸續察覺伴侶的與衆不同，以致，她們得到的愛雖然百分百眞實，但是對方在表達的濃度深度與廣度上，往往不適用在一般性別互動的認知範圍。

亞斯伯格症，男性比例佔百分之八十，換言之，可能就有相對數字的女性出現卡珊德拉症候群，她們一方面充滿憂鬱傾向，一方面給人強勢霸道印象。

亞斯太太的委屈二：充滿孤獨感

ＡＢ兩個亞斯妻都可以精確的指出，她們的伴侶，通常不能根據選擇題做出決定，包括生活裡非常簡單的答案，但是只要太太明確下達指令，他們都可以完成託付。

一個家，本該男女主人共同討論的事務，似乎總是由亞斯太太以發號施令的果斷來拍板定案；其實這是完全被迫當家作主，她們並不喜歡自己的角色，但是怎麼辦呢？她們也完全身不由己。因爲對方很容易進入靜止狀態，妳不動，他一定不動，妳動，他也未必就動。

一個練少林木人樁的武生，跟一個不動如山的內功高手，如何比劃？只要沉默無聲，空氣結霜，就知道鹿死誰手。

於是面對最愛的人，亞斯伴侶常陷入最強的孤獨感。這是一種說不清楚的寂寞，自然得不到適當的安慰與支持。

好了，我承認吧！我就是A太太，我的很多朋友一再說：「妳福氣眞好，老了，遇上一個脾氣這麼好的人……。」脾氣好是事實，但是在我的心情感受上，我不時失落在「他眞的常忘了我的存在」。

所以也會有人觀察出我們的對比。

李四端稱：「一八五是沉默艦隊，高姐是高速火力砲。」

美編小同事鄭絢仁說：「一八五是台灣檜木，高姐是啄木鳥。」

雙胞胎姊妹翟伊玫跟翟倩玫說：「大哥是潛水艇、潛艦，高姐是快艇、航空母艦。」

亞斯太太只有保持兩種心理狀態才過得下去：不是充滿母愛，就是滿眼崇拜。

充滿母愛，就可以把對方當超級寶寶來疼愛。

充滿崇拜，就覺得自己得到最純淨的稀世珍寶。

這兩種強大的自我催眠，如果可以忘掉自己的不滿足，無疑也能成爲終極幸福。

後記：書友們，現在你可以去搜尋亞斯伯格成人量表，相信我，把這個醫療量表，當作有趣的家庭性向測驗遊戲，至少可以知道你們對彼此慣性行爲的認知，究竟能有多大落差，忍耐的範圍合不合理。

家庭生活提案

愛情沒有典範，生活裡的感情生活到是可以有一些規範，做好了，自己成就模範寶典。

男女吵架，要有技巧，因爲吵架的抒發不滿仍是志在溝通，如果老是用一槍斃命誓不兩立的態度攻擊，遲早有一天會從此各走陽關道，這是你眞的希望的結果嗎？那火力全開過癮至上，一定可以達到目的。

好的關係裡，女人會撒嬌，男人也一樣得撒嬌。

不是抗戰逃難，沒有哪個女人一定崇拜英雄丈夫。

不是騎馬打仗，男女交鋒沒必要讓對方翻滾落地重傷難癒。

以爲遇詐受騙？其實只是相處太久，優點絕跡，缺點繁殖，別疑神疑鬼。

誰都希望
從一而終，
但是也得饒過自己

兩相無趣無感？火熱通常不是忽的熄滅，一定是兩人提桶互澆冷水，溼了的柴火，再燃得多費點工序。

要想好好過日子？不同年齡有不同的重點順序，從剛有自己的家庭，到成為小家庭的老一輩？只有先活好兩人關係，才能談到其他。

雙薪家庭：事業上升，兩代關係也要加溫

建立共同帳戶。依收入比例提撥百分比，公款公用，包括生活例行開銷、養兒育女、常規社交、年度休閒娛樂、年節孝親費。

男性如果願意把收入全額交給女性掌家，通常幸福指數會容易產生爬升效應，但是，也有男性不認為信任價值有助和睦，會認為女性見錢眼開，所以，這是自由選擇。

孝養父母，人人有責。咱們說好，你照顧你的，我照顧我的。

大家有權隨喜，自訂高度，不形成對方負擔，也就互不生怨；但是

行有餘力的一方，願意助一臂之力協助對方，不拘多寡，都要謝謝。

教養孩子統一步驟。孩子的出身會造成他未來的社會競爭能力，培養孩子要向遠處看，眼前先給他足夠的愛。成績不必名列前茅，讀通讀懂就好。

才藝學習是為了培養氣質觀念，未必會走上國際舞台，所以順應孩子所愛，不要強加超量的課程。

優秀的德國、猶太民族，都有培養幼童閱讀的明文規範，把閱讀列入才藝之一，是塡補學不起鋼琴小提琴這種昂貴項目的好選擇。

學校的家長活動，盡可能雙親出席，你們累積的參與次數與時數，是小孩踏入社會前，最好的性格保障積分，這樣的孩子多半自信隨和。

退休家庭：合理的偏心，讓兩代舒心

生活享樂不必從衆。不就這樣說嗎？職業歌星的私下不愛唱歌。跳舞行業的私下不愛跳舞。企業大老不是必需，往往不願出席飯局。社交女王私下也不喜歡跟普通朋友來往。

太重複的重點事務，有時會疲倦，有時會厭倦，所以擅長與專長，有時很避著日常。

天天放假，人會犯傻，記不住日期，辨不出星期，然後嚇自己為什麼什麼都記不住。

喜歡旅行去旅行。喜歡打牌去打牌。

就我來說，你的有趣不一定是我的興趣。我能自己找到就好。

我還是覺得：忙裡偷閒最快樂。

天天都以吃喝玩樂為導向，興奮感都會降低，我才不要這樣咧。

自己養老心安理得。四年級生這一代的爸媽，低薪低酬，通常家裡都有四個孩子，因為經濟條件入不敷出，不但父母兼做裁縫伙夫賺貼補，很多男孩都送到軍校，由國家教育栽培。

孩子們都看到父母的辛苦，加上軍校紀律與倫理一以貫之，帶來寒門孝子好風氣。

那時的軍公教，多半是窮人家才去委屈的職業，如今老後能生活穩定並不是平白得來，而是仰賴付出四十多年服役生涯換取的，現代人從企業中退休可擁有退休金勞保金，其實是實踐國家對待軍人同樣的承諾，企業是勞工的老闆，政府是軍公教的老闆。

在社會上努力過的人，有資格心安理得過養老日子，不要譏議老者守財是米蟲，財，是他用歲月青春奮鬥自賺自攢的，糧倉裡的存米是他幾十個一年四季汗水灌溉成長收成儲備的，他有權利過好日子，這是他生活習慣與儲蓄觀念，帶來的複利。

裝聾作啞，心如明鏡。活長活短沒人知道，不管積蓄是多是少，糧倉裡的一錢一文都要留在個人醫療項目裡。

健保不給付的，自己付得起嗎？一個月數萬看護費用，只要是品質相當，付給看護或隨身服侍的子女都是可行的。

不要成爲孩子的負擔是每個父母的心願，但是不要讓孩子成爲自己的流沙，也是每個父母該有的警覺。

孩子孝順或不孝順，每個父母都看在眼裡，心知肚明。最偏愛的，不見得沒有危險性。最不受疼愛的，未必不是最善良的。

我鼓勵父母偏心，不是偏重男輕女，是偏「你孝，我就多所託付。」「你守著我，我就在眾親生孩子裡倚重你」「你照顧我，我就把照顧我的資源高比例的交給你」。

這是交換利益？不是，這是知恩知報。

父母養你，你心疼他們也孝養他們。

一樣是自己骨肉，父母也要格外心疼感恩對你最孝順的那一個。

雙薪小家庭與退休老家庭，都應該把男女主角的角色性格定位清楚，這樣，大事有策略，小事有盤算，才能和諧在握，讓兩性與兩代，都能在家庭關係裡和平共榮。

演的到位愛到老

人生如戲，來點演技。

妻要有自己的台詞，夫要有心口合一的表情，只要感情到位，誠懇無虛，不管對手戲還是堆頭戲，你融入我，我融入你，忒煞情多，何來怨懟。

夫妻、伴侶、情人，明明愛到深處時見溫柔，卻難保朝夕相處不淪入相敬如冰，這就是亂編對白、敷衍情緒，導致荒腔走板。

任何關係的同居一室，都需要良好的演技。

你說瘋了嗎？家人情人相互演戲，多累，多矯情，多有壓力。

錯了，因爲演得好、演到爐火純青，你的入戲就形成自在的慣性，絲毫不做作就能讓彼此輕鬆愉悅，卸除壓力，人不踩雷，心不受累。

誰都希望
從一而終，
但是也得饒過自己

姊姊孩子還小時，姊夫問話一句，孩子直率回覆：「我怎麼知道？」

我跟孩子說這個對白語氣不好，你可以選擇更簡單的回答「我不知道」，不但省一個字省一個問號，答案又肯定且毫不刺耳。

只要不是發生情感忠誠或財務危機的巨大衝撞，一切衝突都可以安全迫降，虛驚不傷。

家裡的客廳是不熄燈的劇場，每個成員可根據自己的節奏進場出場，在輪流出鏡入鏡之餘，客廳的空鏡頭也是很好的留白情節。

妳坐在沙發這頭勾環保毛線，他坐在沙發那頭結算股票績效，兩人互不干擾，卻又偶爾相視而笑，這是情境劇，這是默劇，這是文青劇。

子女跟父母閒聊一日點滴，用不重要述說，建立重要的關懷氣氛。

兄弟姊妹互通同儕同事作風，讓彼此都知道生活環境裡的關係人，也爲自己的社交安全留底存備忘錄。

以上都是家庭倫理劇。

所有的好關係，是從語言的水乳交融開始，所有的壞關係，也是從語言的極不順耳起浪。

說者無心聽者有意?的確有可能是說聽之間，各自都產生過多情緒反應，以致沒事變有事，好事變壞事。

我在朋友家做客，因是老式公寓房子，樓下鄰居在防火巷吵架的聲音清清楚楚，宏亮如砲。

我笑：「好大聲。」

朋友也笑：「大家都習慣了，認爲大聲就會贏。」

聲量是說話內容的一部分，我們對大聲小聲也各有迷思。

比如我家手足極度親密，但是有時，姊姊她們母女二人突然壓低嗓門說悄悄話，我就很不以爲然，直接說：「有我在時，不方便說的話，就等我走了再說，要不然，就直接進房說，當著我面咬耳朵，就是把我當成外人，我眞的不適應。」

我的反應，表達了「我不喜歡這樣」與「我希望怎樣」。

如果是在非家人面前遇到以上情況，我的處理，可能是找個理由離開現場；這也是避免對說者無意的別人，解決我自己聽者有心的敏感。

愛之深責之切

家人關係變得可有可無，夫妻關係變得無話可說，婆媳關係變得劍拔弩張，通常都是唇舌惹禍，兩造之間，不是說得過多過猛又厲又狠，就是說得漫不經心敷衍外露，縱然偶有許諾，旨在口惠並無眞心，那，畫餅豈能充飢，大話怎能不膩？

好聽話不是要愼重到起誓立言，但是，也眞的不要太言不由衷，而且讚、罵、安慰，都是一種流露，每個關係都有不同體會。

有一天，在社區車道上，沒有彩排我就元寶大翻身，摔得太貨眞價實，流血的面積當然有撕裂的疼；對面馬路來接我的朋友，嚇得雙雙奔赴過來，攙扶我到車上。

晚上不知情的鄰居還跟我說：「妳的粉絲好貼心喔，我今天看到她們還扶著妳過馬路。」

「我才七十歲，不是要人扶的老媽媽，是我翻了個大跟斗呀！」

摔跤這事，晚上到姊姊家一說完，就被好好臭罵一頓。我知道，我一年摔三次跤，掉七把傘的事，的確讓她擔心我在生活習性上的專注力。有的時候，我對先生的關切，也是透過責備甚或憤怒來表達。

說話的藝術

人性就是這般奇怪。

一樣說話，有人解決了問題，有人製造了問題。

一樣說話，有人百般討喜，有人名列刁鑽。

說話眞的很重要。

好好說話是藝術，說說好話是技術，一旦成熟如幻術，如沐春風是魔術。

正確的說話方式，讓你不必討好人就能被喜歡，也許，你覺得被喜

歡這件事沒啥重要，但是和被討厭放在一起，說實話，被喜歡可以降低很多不必要的煩惱。

年輕時，長得美絕不是臭美，因爲顏質確實可以帶來很多方便，即使腦袋空空，胸無點墨，所到之處，仍是倍受寵愛。

走過一山又一山，凌波滑步千島湖，如果容貌還是唯一的優勢，就意味這個人已沒有優勢了。

不必五湖四海，不必出類拔萃，只要所思所聞能發芽出美好言行，就不難成爲一個開開心心簡簡單單的樸質人，這也是不求千金但擁快樂的好人生。

容貌是硬體，是生財設備，一定會面臨攤提歲月悠悠的代價。心智是軟體，需要更新，逐年升級，才能優化歲月翩翩的特質。

我是變了，但也只是抓到貫徹自己的竅門，並不是眞的改頭換面，因爲生我如我，上善若水，從善如流，本質從未渾沌，只是形式不再拘泥。

老女子與少女子

我曾經做過十七年的媳婦，前婆婆好的讓我至今豎大拇指，永遠有可誇之事。

我沒有機會遇到惡媳婦，因爲我無兒無女。（沒兒沒女，不是前世積德，就是今生缺德；我自己先這樣說好吧？免得有壞嘴來見縫插針。哈哈）

婆媳關係、婆媳戰爭、婆媳相處，我的經驗是有好無惡，當然，我沒在這方面吃到苦，是我的福氣，但兩代的友好究竟是不是常態？我不知道，只是從新聞裡、網路平台裡，這個來自姻親關係的互動，往往呈現匪夷所思的驚悚。

電視劇裡的好人和壞人，有一套不廢公式，制式個性加制式臉譜。只要是壞蛋，一定壞到骨子裡，從眼神表情語言到行爲，大概連惡人看了都脹氣的覺得該送到午門斬首。只要是好人，就好到沒有人性，受氣受冤枉的樣子，有時不見得讓人心疼，還挺讓人生氣的。

訴諸文字或話題事件的婆媳關係，就是這種電視劇的平面版本。

實情或委屈

因爲年輕一代有po文的技能，而婆婆媽媽就算識字也未必會踐文撒潑，所以在網路上看到的自發文以媳婦咆哮居多。

一齣指桑罵槐尖酸刻薄戲碼，大凡都會引起很多共鳴，很多支持，很多粉絲。

看來洩恨喊冤功能的確是有療癒的通方。

慈禧太后作風的婆婆，可能在網路上被匿名者罵翻了，卻毫不知情。如果比較像引用眞名的貼文，卽便指責，就委婉很多。

一種是天生冤家關係，對婆家的所有關心都視爲侵家踏戶、權利侵犯，看陳述，有時我同意婆家眞的很不懂應對進退，但是媳婦的遣詞用句，擺明小娘子是一個不好惹的好戰公主。

當然，也有受虐懦言的角色，所舉例的細節就算聽之荒謬，但，言不攻擊，語無怒氣，只是哀哀上告，不知如何自救，通常這樣的際遇，就眞的同嘆無奈。

一種是委屈求全服從親情的傻婆婆，她或者貧苦待養或者財產遭竊，最後落得情理法之間都無依無靠，這常在新聞事件得到揭發，但除了換得幾許嘆息與同情，悲情依然。

由是看來，在背水一戰中婆媳各有成敗。

年輕就是不畏煙硝，只要有能力有實力，委屈反轉有望。

至於婆婆陣營，如果沒有金磚護城，受欺受凌起來，也是會發生很多垂淚劇情的。

好，現象說完了，我們談談：就算婆媳交惡可以不要這麼極端嗎？如果有一方嘴臉眞的是電視劇裡「惡婆婆」「惡媳婦」的翻版，妳覺得這樣的「曲折虐劇」必須告發，所以把公審公評視爲唯一的解決之道？其實對外說唱，也不過是耍個嘴舌痛快而已，哪能解決什麼嫌隙？一旦敵情互揭，只怕嫌惡彼此更成了難以重建的焦土。

任何關係的兩造間，都不可能有百分百的善良與百分百的兇殘。

（嗯！有些刻薄眞的用得到這個「殘」字。）

難道老女子與少女子之間眞的同性相斥，毫無同理心、惻隱之心？

（這時候不得不強調，多數的男人是比女人大氣些。）

大小念頭細密如毛，枚舉也難抒情，那麼就理清一些關鍵性的事物，看看瞬間的心頭譾念能不能壓下反唇相譏的怒氣。

「親情綁架」「感情勒索」「干涉生活」「頤指氣使」「嫌棄親家」「強烈控制」……，媳婦對婆婆的情緒畏懼與厭煩大致如此。

以上結論，是實情如此？還是感受而已？

爭吵前後妳的確看到自己的委屈，但是，有沒有看到對方的窩囊？

每個新生家庭都會多出兩把鑰匙，除了自己家這一把，還有一把是娘家的，一把是婆家的，而婆家和娘家通常也會有小倆口家的鑰匙；這意味彼此自由進出對方的家，是被允許、被歡迎、被信任的。

但是，這些鑰匙眞的只是備而不用，以防萬一，千萬不要以爲這些鑰匙就是遊樂區、管轄區的通行卡，哪怕妳只是單純想做代掃清潔、準備晚餐的無償服務，都免了吧，別徒生好心變惡意的機會，因爲多情會有問題，「其實妳不懂我的心」「我不知道妳到底想幹嘛？」是大有可能發生亂猜亂想的。

婆媳關係，盡量以多一事不如少一事爲上限，不要處處這樣那樣的下指導棋提要求，但也盡量以不拒絕爲下限，只要一方開口，另一方都盡量配合給予方便。

主動被動當然不是容易的分寸，要學呀！一個愛吵架的家，會讓每一個份子都天天不爽，事事惹氣。

兒子媳婦別爲難了，雙薪家庭大家都忙，有財力，把孩子請託保姆，沒財力，更該以「敬託」態度謝謝娘家婆家願意協助育兒照顧。

少女子如果沒辦法花太多時間顧及對長輩的噓寒問暖，一星期或一個月，主動安排一次老中青三代的天倫之樂，也是人情之常吧？

好男兒的責任

新世代有很多新論點。不想服侍你爹你娘你公你婆，也許是年輕人生活壓力實在入不敷出所致，但是「憑什麼要我孝順奉養他們？」「我的出生是他們的選擇，我是被迫的」「養育我又不是學生貸款，幹嘛要用我的人生償還？」這些理直氣壯的話，聽起來就有點喪心病狂了。

唉喲！說的眞有理，生你，都是你爹娘的錯，如果當初知道生養會換來這樣的結果，老人家大概就會睿智的用抽水馬桶把你跟著衛生紙一起沖走了。

不管是婆欺媳，還是媳欺婆，我很主觀的結論是：沒有一個兒子不該有化解婆媳問題的能力；除非，廢男無用，渣男擺爛。

媽媽看不順眼媳婦，兒子不易幸福。

媳婦嫌惡鄙視婆婆，丈夫特別軟弱。

好兒子，你要做強人還是惡人？

好夫婿，你要做良人還是怨偶？

這個選擇不難，你就是要霸氣的立規，既護著老的，也寵著小的，放心，兩個女人都是愛你又愛爭風吃醋，所以都會吃你那一套，如果你只能做媽寶或小丈夫，兩個女人就會掠過你的重要性，毫不遲疑的鬧成一團，打成一片。

婆媳不和，或許不是兒子能完全掌握負責的，但至少是失責的。

這位先生，請做個男子漢，你，平常要對長輩體恤順從，你，盡量要對愛妻寵愛溫柔，但在她們互不相讓針鋒相對時，不管你是何樣年

齡，一定要演好一家之主這場關鍵戲，如果她們仍吵鬧不休，你就驚堂木大力一拍大怒吆喝：大膽！兩個都給我閉嘴！

男人搞定婆媳問題，我最佩服！但是，好像，男性總是置身事外，傻呀！這樣會把你家運勢都敗掉的。

還有，男人萬萬不可碎嘴，把親娘媳婦的話交叉反應，那家裡一地雞毛必是你的錯。

聰明爸媽的遺產使用說明

法律上說子女均分遺產是合情合理合法，但是，爸媽們，別犯傻，在繼承日來臨前，自己就要做妥善安排。

眞正有錢人遇到子女爭產，就算苦主病榻上睜著眼睛說不出話，起碼身邊還是不乏領薪水的照顧者，苦的是有點錢又不是有大錢的人家，若出現不肖子，不但拿不出制衡辦法，可能連財產持有者的父母都成爲爭鬥籌碼，得不到基本的照顧。

父母養我們小，我們養父母老，這並不是有借有還的討公平，如果還用「你愛生不代表我該養」反駁倫理，那眞該拔了舌頭。

孩子弱小，有的父母疼愛，有的父母虐待。

誰都希望
從一而終，
但是也得饒過自己

父母弱老，有的孩子恭奉，有的孩子痛扁。

這些都是過程造成後半場人生的劇情？在因循成長的影響下，才出現以善敬善以惡治惡的選擇？

有些孩子工整對齊父母的行爲，會把懲罰父母報復父母，作爲證明自己能力的手段；有的則會伺親不遺餘力，一命還一命似的，處處全力以赴，忘了自己是誰。

老牛舐犢，小牛孺慕，好在上下兩代，仍以愛親居多。

國有國法，家有家規。政府有明令三等親繼承遺產的比例與規矩，長輩也不要含糊不清，千萬要把財務規劃列出三保太子。

保險權益金，用來平衡醫療負擔，確立論功行賞，善於分配保險受益人比例。

保護自己在失去自主能力時，有辦法讓照顧者爲財行善。

保證最貼心照顧的孩子，可以得到最厚實的繼承。

這些，都是在尚可控制局面時，就要跟子女明示暗示甚至開示，讓他們知道沒有不勞而獲的便宜，在遺產面前，單丁絕不會比孝女有更大的優先權。

我說過，**一個人爲了錢才對你好，那他已經是好人了，因爲太多人拿了你的錢還要傷透你的心。**

所以，就算是爲遺產孝順父母，這個孩子也是現實的好孩子；至於眞會心疼又肯照顧你的孩子，通常沒有太大可能是爲錢順便做好人的。

給照顧者的實質感謝

久病床前無孝子？瞎說。

孩子會不會顧老顧病照料你，你早就心裡有數，哪裡是躺到病床上才會突然發現的事？

那在乎父母恩的，即便薪水薄力，也會不時擠出一點來讓爸媽知道，他是捨得和父母共享的。

不管任何理由，不要把你遮風擋雨的破屋爛宅爲孩子投資拿去作抵押，或是爲了日後免稅先把房子過戶給其中一個孩子。

步步爲營不是不信任子女，也不是緊握財庫要脅他們盡孝，事實上，這是保障自己不要有朝一日躺在病床上滿身褥瘡哀嚎，卻見不到家人蹤影獨自垂淚；也是保護子女不要在人性挑戰下，太輕易就被噬貪噬財等噬細胞，增生成疾，甚至手足反目。

人生在世，總是權利義務並存。

照顧父母的貼心子女，不只是照顧而已，他們可能失去社會連結，他們可能失去翱翔能力，他們可能放棄自己的人生，他們當然也失去職場上所有應得的資源。

父母的遺產，是不是可以用來補償最孝順的孩子？讓孩子知道：謝謝你照顧我，我都懂了。

父母給孩子足夠的愛，比教育他們孝順重要，懂得愛的人，很自然

不會趨於自私自利貪得無厭。

不念父母恩的，常常會把感情勒索罪名打個吊牌掛在他們脖子上，其實小時候，父母一不順你，你就滿地打滾扯著嗓子嘶吼，那才是道地的感情勒索。

只看錢財，不眷父母，都是孩子的錯嗎？不是！但凡故事，都會有不爲人知的隱藏版，我們只能爲較善良的人多說說話而已。

你不肯照顧父母，遠居他鄉雖是理由，但其他手足承擔你的責任，是不是也可以相對接收你的利潤？這裡用利潤二字來解釋遺產，實在怪難堪的。

父母培養你，是投資你的人生，展現你的個人價值，臨了，有必要再拿他們的錢留做你的人生紅利嗎？

公平有兩個層面。

一個是父母合宜對待照顧自己的孩子。

一個是沒有盡照顧之責卻獲得最大遺產的獨子，實在應該主動報償其他血親手足代盡的義務。

爸媽別犯傻，別讓貼身照顧你的孩子，最後舉目無親，生活拮据。

最愛你的孩子，你就是要腦筋清楚讓他成爲最大受益人，這些作爲，務必提前做準備與分配。

金錢，可以萬惡，可以萬能，把遺產給了該給的人，不是法律的公平，是道德的公義。是最實在的謝禮。

天下父母當知，對於不曾拋棄你的孩子，你必須回以實質的愛。

不共戴天的仇與愁

小時候看武俠片跟武俠小說，接觸到最常見的關係形容就是「不共戴天之仇」，因爲有了不共戴天之仇，故事劇情才能方便鋪陳九拐十八彎的大坡度，時時出人意表，看得驚嘆連連。

地窄人稠的現在，貼著你我的生活，容易發生小情小愛，也容易迸裂小憎小厭，雖然劍不出鞘，雖然按兵不動，但是多少人的內心，總還留存著不共戴天之仇呢？

不共戴天之仇，發生在離異伴侶身上居多。

所謂伴侶，可能是夫妻，可能是情人，可能是介入者。

他們一定都經歷過共同的雙重事件，一是身體的絕對親密，二是金錢的你來我往。

誰都希望
從一而終，
但是也得饒過自己

我一個保守派女朋友說：一生當中唯一看過自己赤身裸體全然坦露的人，一旦不能信任，那是多深的痛。

很多忠心的太太，大概都吃過這個不共戴天之「愁」，甚至爲自己的曾經一絲不掛羞慚起來。

我也被新潮朋友笑話過：一輩子只有一個男人，也太可憐了。哈哈，悲情的時候，我是同意過：這樣實在太慘了。但走完逆境，覺得這也算是人各有志，沒啥高低不平。

另一個不共戴天之仇來自金錢的偷騙拐竊。

有的人，還在情愛關係裡，就已經神不知鬼不覺的乾坤大挪移，有的人，是在逃命關口時，還不得不接受勒索，交出過路費贖命金。

騙色，年輕人是好對象，青春可口。

騙財，成年人是好肥羊，腰帶豐厚。

色與財，從某個角度來看，價值相當，因爲受害者的持有部位不

同，狩獵者的布局焦點自然不一樣。

如果非騙不可，你願意承受哪種騙？

不要，都不要，因爲怎樣的摔姿都是重傷，都需要長時間心理復健，葬送的不只是眼前的奮鬥人生，還可能陪葬往後的人生。

婆媳之間和親家兩戶，也容易發生不共戴天之仇。

「不是一家人不進一家門」，可以是正面的肯定句，可以是嘲諷的反問句，也可以是無語問蒼天的驚嘆句。

就算門當戶對，就算旗鼓相當，只要稍稍口舌不慎，只要微微態度違和，就可能混淆視聽，造成猜疑。

姻親是血緣之外的家人，但這個家人，只似家人卻並非家人，這中間的矛盾，就有解釋不清楚的奧祕，所以多數婆媳親家，少見面少糾紛，走近走深，還眞不知道哪天會爆發積怨已久的症頭。

朋友深交，也怕失和；密友翻臉跟情人看刀，是一樣的難以回頭。

愈喜歡愈不能寬容，愈在意愈強求歉疚，但凡受傷，曾像一罐蜂蜜甜醬的兩人，頓時成了雜質結纍的沉澱物，看了就糟心。

有一個藝術家夫人剛寡居，朋友帶著她到處參加活動，覺得能介紹她是某某人的妻子時，自己也挺神氣的，的確幫助她人生回春兩三成。不久，還帶著她參加旅行團，行前未說明這旅行團是貴婦團。旅行的日子，藝術家夫人一直被拉著走高檔路線，她不適應這樣風格的採買，不僅受到朋友嫌棄揶揄，還指揮她爲衆人看管、拖拉行李。「我有才情，但我沒有行情」，一個家藏藝品卻袋無金磚的孤單霜婦，從這趟旅行裡，帶回來的，是幾公升的眼淚，和一段破碎的友情。

我安慰她說：「小事小事，朋友再交就有了。」

可是我說的小事，總還是讓她一哭再哭，好像比先生不在了還讓人傷心，她嘔氣話再一說，我就明白，這又是一樁武俠之外的不共戴天之仇。

我有些都是好人的好朋友，他們之間卻也發生拒絕和解的僵局。

我知道一些來龍去脈，明白他們的此仇難泯屬於造化弄人，並不是自己當眞做了愧對情義的事。

有時候，原不原諒對方已經不是關鍵，因爲實在過不去的，其實是自己內心的柵欄關卡，好像一旦鬆綁這樣的戒備，就與個人的價値體系形成衝突。

他們雖不追究，但也絕不打算重新做個和顏悅色的朋友。

我們熟悉的生活圈裡，的確還存在某人和某人不說話的公開祕密，玄妙的是，他們並不是面和心不和，反而是心和面不和，誰都頂著一口氣，就是不願意先遞出橄欖枝。

但是，**別爲他們操心，再走一段歲月，世上人，都會放下誰是自己的仇人，就算不放下，想記怕也記不住了。**

人生，笑笑就好。

誰都希望
從一而終，
但是也得饒過自己

日常遺言

想好好過生活，對容易的人很容易，對困難的人，也眞的很困難。快樂是個性，快樂是認知，快樂是選擇，快樂，跟富有權勢有關，但不是很有關。

朋友一，說：「我想搬家了。把貸款還掉，換個小一點的房子，降低居住成本，可以輕鬆很多。」這一年發生三兩次，她一憋氣就會暫時停止呼吸，先生嚇得抱著她狂喊，她醒後說：「叫得比文藝片還深情。」然後她跟先生認眞談談話。

「我們跟八十的距離也沒有多遠了，有些事要表達淸楚一點。」

「萬一我不在了，你絕對不可以續弦。」因爲：「要娶一個照顧你的，可能太年輕，你應付不了，太老的，你還要費心照顧她。」

我問：「妳都不考慮他會孤單啊！」

「不會，我女兒乖，一定會照顧他。他可以交女朋友，吃吃飯，送送禮物就好，娶回家到最後，萬一被騙了，連女兒都會成為受害人。」

他們感情很好，可是也會牙咬舌，沒事就鬥嘴。

很生氣的時候，她拿出保險單看看：「嗯！我把他氣死，可領幾百萬壽險，但是錢和他比起來，還是他比較可愛珍貴。」然後，她就會先跟他道歉。

朋友二，我的小學同學，她一個人照顧爸媽二老，辛苦是看得到的，卻不會聽到抱怨。

比照顧爸媽更辛苦的，是她還有一段結束不了的婚姻。

人生爛戲常在我們身邊上演，不用腦筋，還眞聽不懂壞蛋是憑什麼左右逢源、大小通吃？氣死人了。

他在離家不遠處與人同居幾十年，不管怎麼交涉談判，包括女兒出面，他就是堅持、保持一個狀態，對外不「棄」，對內不「離」，睡一個，晾一個，最後當然只能走上打官司一途。

這個故事還在繼續，可是她生活態度竟然無憂無慮。

她行有餘力，幫忙照顧其他有困難的單身同學。

她在群組，偶爾發言，都是說笑輕鬆。

我問她爲什麼沒有積極處理婚姻事件？她說：「年輕時以爲可以挽回，後來越扯越離譜，錯過自己佔優勢的黃金時期，結果一再拖延，現在也覺得無所謂了。」

無所謂？妳的青春三十年就如此荒廢了呀！

朋友三，換個男生來說說。

他有妻室，也有了另外喜歡的人。

他雖對元配付出巨額賠償金，但是沒有因此得到「解約」，只贖回「自由」，就是私事不再被內室過問，至於要想另辦喜事？則是別做夢了，休想。

人，常常「卡」在「你傷我在先，我豈能讓你如願？」的不甘心中，結果，自己扼殺了有本錢重新開展人生的新機會新條件。

朋友四，兩兩相愛。

先生很愛做菜，太太張羅鄰居前去品嚐。滿室歡笑。

有一天，太太在台北吃完喜酒回基隆，在路上就打電話給先生說不舒服，請先生直接到長庚醫院急診室等她。

她到了，下車，只跟先生說了一句「我好難受」，就倒下……。

扼腕嘆息啊！倒在急診室門口，也沒能救回她。

一個月後在騎樓碰到先生，他滿眼佈滿血絲，看來疲憊不堪，我顧不得自己和他並沒有過多的互動，很直覺自然地把手放在他的肩上拍拍，他頓時掉下眼淚：「一直是我身體不好，所以家裡面什麼東西都放在她的名下，我都不管家裡事，現在不知道該怎麼辦。」

沒有人知道，相愛的人還是會被判分離的，而且沒有預警預告，這是多殘忍的強迫？

朋友五，相識一星期就宣布喜事，兩個人同獲生命中最大幸運獎。他是黃金單身漢，多金，單身，像是有過滄桑，卻風趣討喜。喜歡他的名媛很多，但是，他自己的態度卻是做做朋友就好。

大家都在猜，他到底喜歡什麼樣的女子？答案出來了，他的同學帶著另一個同學赴美旅行。

在他的陪伴下，一星期後，他和「新」同學成了糯米糖藕。僅僅一個星期喔！一百六十小時就讓兩個成年人相互電暈，所以，**不要跟無緣的人嘶喊自己的青春白費，因爲情投意合不是來自時間長短的累積**。

她不是美麗極品，她不是貴氣逼人，她在社交場合也不見得是焦點寶石，但是，她是另類發光體，只要有她的地方，就有歡聲笑語，男性喜歡她的自在，女性也覺得她沒有壓迫性。

輕鬆、自在、快樂，她的魅力，就這麼大眾化，只是這樣的大眾化，已經是焦慮世代不可多得的風格。

個性，有時候，比條件管用。

他被她的個性迷倒，每天都笑的好開心，完全不知道自己的擇偶條件，就是簡單到「跟這個人在一起總是很快樂。」

佳偶有佳偶的好運。
怨偶有怨偶的過程。
面對現實與接受事實都是必要的智慧。
婚姻智慧是什麼？
婚姻智慧是兩害取其輕。
婚姻智慧是被迫選擇卻又能兩全其美。
婚姻智慧是戰和之間也爲對方留條活路。

我沒有智慧，但是我認知自己。
所以，我有能力擔當什麼都不要的失婚者，我不僅連談判都不要，還可以瀟灑的允許對方全身而退。
生命遇到挫折的時候，我們檢查完被剝奪的、被羞辱的、被誤解的

部分後，其實還是可以安慰自己：殘存倖存後的獨立挺立，就是最美麗的結局。

我們不必被別人交代，我們要能對自己交代才重要。

醫療造就了長壽環境，但是，突發，還是會修改醫療的醫術。健康會被命運戲弄，青春會被意外傷害，日常裡有太多太多的瞬間讓人措手不及，有水當思無水苦，我們不必想災想難嚇自己，但是，愛人在旁，心意要長，有些事，早早說清楚做規劃是必要的。

讓自己走得好

誰都希望
從一而終，
但是也得饒過自己

心累和心痛僅一步之遙？還是天地之別？

台灣高低年級生，都應該感謝作家張曼娟，她一連《我輩中人》、《以我之名》、《自成一派》三本書，把步入高齡社會的照顧者與被照顧者，有組織有系統的漸層放在人性尊嚴平台上，不僅做了最良好的經驗解說與示範教學，而且徹底引起廣泛迴響，將老年、壯年、中年順利導入迎向衰老問題的團體訓練。

心愛的人衰老，會讓我們跟著陷入心疼又心累的狀況；如果實在提升不起下坡路段，至少，我們的正常生活也不必提前打烊。

死亡，不是像美感電影那樣，頭一歪，氣一吁、指一鬆、心電圖嗶嗶呈一直線……就結束了。
死亡之前有很多折磨。
神智恍惚。
生活失能。
藥石危害。
暴戾轉性。
這些外在折磨的承受者多半是一旁照顧的人，心好疼、心好累、心好無能爲力、心好怕這一切究竟會繼續還是會結束？
其實，最大的折磨應該只有一個字：痛。

最深刻的兩種痛

他在病榻上，你用棉花籤爲他擦拭乾澀的唇，你把針管流質營養品擠進他的鼻胃管，你處理尿袋時記錄多少C.C.以確定進水量出入均衡，你做久了，自己也麻木，甚至希望他的沉靜不具生命意義也沒關係，這樣，他所吃得苦就會跟著沉澱了。

但是，雖然他的所有器官功能的確都已靜止，偏偏，他的眼睛能轉動能眨動，你跟他說什麼，他可以用眼睛答覆二選一的是非題或三選一的選擇題，這會不會讓你有一種慌張？你明白，他腦組織是可以運作的，他祈求的眼神中跟你述說他需要強烈的另類協助。

你，能怎麼辦？我們，該怎麼辦？

另一種痛，是思維運作已經停止了，但疼痛沒有被切斷。

呻吟。

你聽得到呻吟。

呻吟跟受暴的吶喊，是一樣恐怖的音頻，可以深入任何聞聲人的腦波，悶哼的、淒厲的，都是最撕心裂肺的痛呼哀鳴。

別讓病人「痛」，很多生命經過最殘暴最慘烈的強留後，這最後一程的折磨，會讓貼身照顧的目擊者、家屬，終生不能復原。

死亡的真實面

因爲生老病死的禁忌話題，在這些年有了全面性的突破，家人之間該有愈來愈清晰的託付，在長照時刻來臨之前，除了謝謝家人的好好照顧，也要謝謝家人能執行好好送行的預立之言。

死亡不沉重。
過度折磨的死亡，才是眞正的悲痛。
安全是生活本能。
「安全死亡」「平靜死亡」是生命需要進階的認同。
人道和法律，遲早要配合人類新的合法需要。

我的同齡層朋友，逐漸需要面對跟自家長輩的告別，除非兄弟姊妹都願意在財力上、人力上均攤孝意，否則那唯一或唯二在承擔重量的「老孩子」也都有自知之明：我就當自己是獨生兒女，所有責任獨肩擔待，因爲我更怕處處得不到助力，卻需要處處徵求大家同意。

爲什麼安置父母常常演變成處置父母？

有些是子女能力不足，愧疚無奈。

有些是子女感情不深，又恨又怨。

有些是子女自私吝嗇，即使有錢。

有些是子女受阻配偶，犧牲父母。

每個不照顧父母的孩子都可能有自己說得出口的理由，但是內心放著的眞正原因，可能又都是不好意思坦白的。

我們學了幾十年如何把自己過好。

我們也要現實地學習怎麼讓自己走得好。

有時，孩子願意爲他的寵物買一個骨灰罈，但是，卻不見得願意爲父母安頓身心。所以在老人化的社會，長者要在有能力的時候，主動安排自己的歸途。

誰都希望從一而終，但是也得饒過自己

身邊沒錢，要想得開，走的期限到了，愈快愈好，免得心靈默默垂淚，肌膚頻頻潰敗。

如果因爲經濟問題，沒有辦法支持過多的醫療，我想也無可厚非，但聽到爲了領取補助而硬不拔管的事例，就覺得太邪惡了。

手上有錢，千萬尋求專業保障，不可全面放手，在繼承之前，要把錢用在讓自己安全、安適的用途上，作爲現代人，不要財不露白，你可以對子女盡量財力展示，既不懷疑自己的親生孩子會有盜獵魔心，也不要轉錢過戶洗盡自己的價值。

金錢，是給別人扶著你的條件，金錢，可以避免別人推倒你的機會，金錢就是老後護身威儀，不要捏死在手中，也不能全然不留。

文學，可以把死亡寫得很美。

現實裡，死亡不但不美，而且預備不足，還會很慘。眞的很慘。

特別收錄——

每日一記，未完待續

每晚就寢前，在手機記事本寫一則「今日所得」或「今日有感」事件，然後，翻閱並品味自己的生活是蒼白？是生動？是完全無味？想要繼續如此？還是試著加倍精彩？

我看著自己的記錄，總覺得需要修正的事還是太多太多。

第一天——

家中走道，社區車道，公車車廂，一年三跤，挑戰骨質。七十幾，摔不起，別再心不在焉。

第二天——

吃醋，有時像寵物撒嬌，有時像酸民開炮。醋濃醋淡如果恰到好處，就有人疼你，如果太強太嗆，那就有人躲你。

第三天——

重複的事很快就剝奪我的耐性，那爲什麼我卻這麼不容易變心？

第四天——

我會目不轉睛盯著喜歡的人，也會莫名其妙眉開眼笑，這個由心而生的怪癖嗜好久久不衰。

第五天——

和朋友旅行就像一場試婚。不是濃情轉淡，再也回不到過去，就是水乳交融，從此更上一層樓。

第六天——

情傷後就放棄感情追求？這相當於看了恐怖片就以爲身邊都是鬼？

第七天——

任何場合遇到陌生人突然跑來打招呼，總是會帶給我驚喜，所以不斷寫書是嗜好，是渴望，也，是虛榮。

第八天——

失去的才知道珍貴？那，知道自己爲什麼會失去就顯得格外重要。

第九天——

撩人，要有深度；聊天，要有溫度。瞎扯瞎掰也要有一定的程度。

第十天——

關心是別人的需要，但關心別人未嘗不是自己的需要。

第十一天——

如果雨能下得剛剛好，花就沒煩惱，如果煩惱剛剛好，人也可以綻放得風姿綽約。但是到哪裡去找「剛剛好」呢？

第十二天——

對現實的人沒有特別惡感，人性嘛！無需要求太多，但對善良的人不能無感，因為跟著學習的事還多著呢！

第十三天——

把念頭用文字寫出來，你會發現自己也有厲害的本事，也有異於他人的見解。

第十四天——

我沒有馬斯克媽媽削瘦的臉龐，不能留她的髮型，於是揉來揉去，乾脆把自己變成不修邊幅的愛因斯坦，我很喜歡這樣的亂。

第十五天——

老不可怕，我老的挺自在。死不可怕，遲早要來的事。病很可怕，生命裡唯一存在的劇痛就是病痛，其他的痛都只是形容詞而已。

第十六天——

一定要培養誠懇的擁抱，有一天老去，這樣的卿卿我我可以免費兌換快樂。

第十七天——

被一個人傷到，別急著恨，別奮力嗆，要懂韜光養晦。被一尾蛇咬到，別急著追，別奮力打，要先逼毒求生。兩件事，都是以自救爲第一順位。

第十八天——

吃正餐，我很吹毛求疵的注重養生，實際上，我吃垃圾零食絕對是同齡冠軍。好體質壞習慣，每個人都能說的頭頭是道，我也在唬弄自己。

第十九天——

不要把朋友的優勢當成自己的優勢，但可以把朋友的優點牢牢記住，仿效無妨。

第二十天——

有人一輩子沒吃過苦，有人一輩子沒享過福。心念可以平衡好壞之間的傾斜。

第二十一天——

僞裝容易穿幫，謊言容易曝光，實在不得不保留，選擇沉默也好。

第二十二天——

有些人的驕傲，顯得風骨凜然，有些人的驕傲，簡直滑稽可笑。

第二十三天——

侃侃而談是要有知識學識做後盾的，不要一開講，就把朋友當粉絲，留點縫隙，讓人家也有說話機會。

第二十四天——

我手機檔次一下子跳到最新iPhone，使用時，總是有人讚嘆驚呼，我這才知道：手機真的是有一定的社會地位，比我這個人值錢多了。

第二十五天——

電影裡的英雄多半沉默寡言，他們假的好眞。
現實裡爭做領袖的人多半聲嘶力竭，他們眞的好假。

第二十六天——

若要焦慮，永遠不缺題材；若要快樂，永遠都有媒介。
事件可以左右心情，心念可以左右事件。

瞬間感悟，是心上的眉批。梳理人事物的註解，都會還原日子裡的色彩，也回想到當時的節奏。
每個人都要有自己的天書日記，反正不是直指發生的事件，別人不一定能看出來龍去脈，也算藏著一些小心思。

心靈成長 107

誰都希望從一而終，但是也得饒過自己

作　　者／高愛倫
責任編輯／何靜芬
封面設計／Dinner Illustration
封面攝影／陳柏林
內頁排版／邱介惠

天下雜誌群創辦人／殷允芃
天下雜誌董事長／吳迎春
出版部總編輯／吳韻儀
出 版 者／天下雜誌股份有限公司
地　　址／台北市 104 南京東路二段 139 號 11 樓
讀者服務／（02）2662-0332　傳真／（02）2662-6048
天下雜誌 GROUP 網址／ www.cw.com.tw
劃撥帳號／ 01895001 天下雜誌股份有限公司
法律顧問／台英國際商務法律事務所・羅明通律師
製版印刷／中原造像股份有限公司
總 經 銷／大和圖書有限公司　電話／（02）8990-2588
出版日期／ 2024 年 2 月 2 日第一版第一次印行
定　　價／ 420 元

書號：BCCG0107P
ISBN：978-986-398-954-7（平裝）
直營門市書香花園　地址／台北市建國北路二段6巷11號　電話／02-2506-1635
天下網路書店　shop.cwbook.com.tw　電話／02-2662-0332　傳真／02-2662-6048
本書如有缺頁、破損、裝訂錯誤，請寄回本公司調換

誰都希望從一而終, 但是也得饒過自己 / 高愛倫作 . -- 第一版 .
-- 臺北市 : 天下雜誌 , 2024.02
296 面 ; 14.8×21 公分 . -- (心靈成長 ; 107)
ISBN 978-986-398-954-7（平裝）

1.CST: 人生哲學
191.9　　　　112021842